Learn French With Short Stories Parallel French & English Vocabulary for Beginners

The Adventures of Clara in Paris: A Journey Through the City of Love

French Hacking

Copyright © 2024 French Hacking

All rights reserved. No part of this publication may be reproduced, distributed or transmitted in any form or by any means, including photocopying, recording, or other electronic or mechanical methods, without the prior written permission of the publisher, except in the case of brief quotations embodied in critical reviews and certain other non-commercial uses permitted by copyright law.

Trademarked names appear throughout this book. Rather than use a trademark symbol with every occurrence of a trademarked name, names are used in an editorial fashion, with no intention of infringement of the respective owner's trademark. The information in this book is distributed on an "as is" basis, without warranty. Although every precaution has been taken in the preparation of this work, neither the author nor the publisher shall have any liability to any person or entity with respect to any loss or damage caused or alleged to be caused directly or indirectly by the information contained in this book.

"One language sets you in a corridor for life. Two languages open every door along the way."

- Frank Smith

French Hacking

French Hacking is a revolutionary educational language learning company focused on teaching individuals how to learn French in the shortest time possible. Our mission is for our students to develop a command of the French language by utilizing the hacks, tips, and tricks included in the learning materials we create. We want our students to become confident in their speaking abilities as they advance their conversational skills by teaching what's necessary without having to learn the finer details that don't make much of a difference or aren't even used in the real world.

Unlike our competitors, who have books geared toward multiple languages, our language learning books are dedicated exclusively to learning French. Our focus on only one language allows us to truly concentrate on creating superior educational materials.

Our books are created by native French speakers and then put through a vigorous editing process with two more native French editors and proofreaders to ensure the highest quality content. Rest assured that you are learning proper grammar and syntax as you read through our books.

The unique formatting of our books will give you the best experience possible as you learn French! The bilingual English and French text appear side-by-side for easy reference without needing a dictionary. With fun images for each chapter, you will better visualize the scenes within the story and stay engaged. Reading is an immersive experience, and we want to make learning fun and enjoyable.

There are no other books like ours on the market. Let us help accelerate your journey to learn French with our fun and effective educational materials that make learning French a breeze!

About this book

This book offers a distinctive approach to mastering French through an immersive experience, blending delightful storytelling with a practical learning format.

As you embark on this adventure, you will notice that each chapter is presented twice: once in French alone and once in parallel text with side-by-side translations, featuring the original French text alongside its English counterpart. Our goal is to provide you with an authentic and engaging way to learn French as it is spoken and written.

We want to highlight that the English translations are crafted from the original French, focusing primarily on conveying the meaning and essence of the text. This means that, at times, the translations might not follow the typical structures or idioms of standard English. Such instances are intentional, aiming to give you a deeper understanding of the French language, including its unique expressions and nuances.

This method encourages you to think in French, rather than simply translating words. As you progress through the stories, you will find yourself naturally grasping the French language, appreciating its beauty, and understanding its context more clearly.

Who's it for?

This book is written for students who are just starting out, all the way to intermediate French learners (if you're familiar with the Common European Framework of Reference - CEFR, it would be the equivalent to A1-B1).

Why you'll enjoy this book

- Not a kid's story, they have too many wizards and animals that you don't use in everyday speech.
- The story line is interesting and something you can relate to, unlike children's books.
- There is relevant vocab you can use right away which will motivate you to read more.
- No dictionary needed as there are easy to follow translations next to each paragraph.

How to get the most out of this book

1. Read the chapter all in French and see how much you can pick up on.
2. Read the side by side French/English section to fill in any gaps you weren't able to understand.
3. Download the audio and have a listen.
4. Listen to the audio while simultaneously reading the story.

BONUS!

Enhance your learning experience with a complimentary Audiobook and PDF of this book! Discover the details on the back page.

Table of Contents

Main characters 1

1. Promenades dans Paris 2
2. Le musée du Louvre 14
3. Promenade sur le canal Saint-Martin 26
4. Le centre-ville et les sites touristiques 38
5. Le séjour à Bruxelles 50
6. Visite du parlement et de la ville 62
7. La fin du séjour : musée, cartes postales et souvenirs 74
8. Retour à Lyon : la fin des vacances ! 87
9. Retrouvailles familiales 99
10. Visite surprise d'Adam 112

Bonus 1 124
Bonus 2 126
Answers 138

Main characters

The French family:

1. Promenades dans Paris

C'est le premier matin de Clara à Paris. Elle se réveille avant **tout le monde**, avec un léger **mal de tête** qui lui rappelle les quelques verres pris en terrasse hier avec ses nouveaux amis. Elle se lève doucement pour ne pas réveiller Céline, qui dort **à côté d**'elle. Elle prend son téléphone, son livre. Il est sept heures du matin et tout le monde dort dans l'appartement, alors elle décide de préparer un café et de s'installer dans le salon pour **bouquiner**. Elle va dans la cuisine, cherche le café, la cafetière, prépare une tasse. Pendant que le café coule, elle réalise qu'elle a un peu faim. Elle décide de **s'habiller** et de descendre à la boulangerie pour chercher des croissants et des pains au chocolat. Elle en achète assez pour tout le monde, et aussi une belle baguette pas trop cuite.

Quand elle rentre dans l'appartement, tout le monde dort encore. Elle va dans la salle de bain, fait un brin de toilette, prend un **cachet d'aspirine** pour son mal de tête, puis se sert un café dans la cuisine. Elle prend une assiette, un croissant et un pain au chocolat et va s'installer confortablement sur le canapé du salon, avec son petit-déjeuner et son livre. Elle reste ainsi pendant plus d'une heure, à lire et à boire du café, jusqu'à **s'assoupir** sur le sofa, quand Victor **fait son apparition** dans le salon.

« Tu **es** bien **matinale** ! lui dit-elle quand elle ouvre les yeux.

- Ah, mais tu vois, je m'étais rendormie. Tu as bien dormi ? Je ne vous ai pas réveillés en faisant du bruit dans la cuisine et la salle de bain ? demande Clara.

- **Pas du tout** ! Amandine **dort** encore **à poings fermés**, je pense que Céline dort aussi. Il reste du café ? demande Victor.

- Oui, bien sûr, plein ! Et il y a des croissants et des pains au chocolat dans la cuisine, sers-toi, propose Clara.

- Ah, super, quel luxe ! Un vrai petit-déjeuner de week-end. Merci ! »

Tout le monde (locution pronom) : everybody, all
Mal de tête (m) (nom commun) : headache
À côté de (locution prépositionnelle) : next to, alongside
Bouquiner (verbe) : to read
S'habiller (verbe pronominal) : to get dressed
Cachet d'aspirine (m) (nom commun) : aspirin tablet
S'assoupir (verbe pronominal) : to doze off, to nod off
Faire son apparition (locution verbale) : to appear
Être matinal (locution verbale) : to be a morning person
Pas du tout (locution adverbiale) : not at all, absolutely not
Dormir à poings fermés (locution verbale) : to be fast asleep

Victor va se servir dans la cuisine et s'installe en face de Clara, sur un **fauteuil**. Tous les deux commencent à discuter. Victor pose plein de questions à Clara, sur sa vie aux États-Unis, sa vie en France, sa famille, les différences culturelles entre les deux pays, ce qu'elle aime, ce qu'elle préfère. Il lui raconte aussi sa propre vie : il est musicien professionnel. Ce n'est pas une vie facile car on doit constamment **se battre** pour trouver des dates de concert, et pour **conquérir** son public. Mais il vit de sa passion et pour lui, ça n'a pas de prix. Il fait écouter quelques-unes de ses **chansons** à Clara, elle trouve ça très joli. C'est la musique qui semble réveiller Amandine et Céline.

Elles se lèvent et **rejoignent** leurs amis dans le salon, une tasse de café dans une main et un croissant dans l'autre. Les quatre amis prennent le temps de **discuter** longuement **de tout et de rien** avant de préparer le programme de la journée. Il est prévu d'aller faire une promenade dans le parc des Buttes Chaumont et de retrouver les amis pour un pique-nique. Il faut préparer le pique-nique : faire quelques courses pour préparer une grosse salade

composée, quelques fruits, acheter une bouteille de vin et des œufs.

Victor **se dévoue** pour aller faire les courses. Pendant ce temps, les filles prennent leurs douches, **aèrent** l'appartement, rangent la cuisine et le salon, font leurs lits. Amandine fait cuire du **riz** pour préparer la salade composée. Céline contacte les amis pour voir qui est toujours partant pour la promenade et le pique-nique. Manue, Marie et Déborah sont déjà levées aussi et en train de se préparer. Elles apportent du vin, du pain, du fromage et du saucisson. C'est tellement français que ça fait rire Clara, qui trouve ça presque cliché. Céline lui **fait remarquer** qu'elle devrait avoir l'habitude, maintenant : croissants, pain, saucisson, fromage : ce n'est pas du cliché, c'est du vrai ! « Il n'y a pas de mal à se faire plaisir, » ajoute Amandine, en se brossant les dents.

Quand Victor rentre et prend sa douche, Amandine continue de préparer la salade. Clara **apporte** un peu d'aide dans la cuisine et Céline et Victor préparent le sac à pique-nique. Tout est **prêt** ! On met les chaussures et on y va.

Fauteuil (m) (nom commun) : armchair
Se battre (verbe pronominal) : to fight
Conquérir (verbe) : to win over
Chanson (f) (nom commun) : song, ballad
Rejoindre (verbe) : to join
Parler/discuter de tout et de rien (locution verbale) : to talk about anything and everything
Se dévouer (verbe pronominal) : to devote, to dedicate
Aérer (verbe) : to air, to ventilate
Riz (m) (nom commun) : rice
Faire remarquer (locution verbale) : to point [sth] out
Apporter (verbe) : to provide, lo lend a hand (in this context)
Prêt (adjectif) : ready

Il est dix heures trente et la ville est déjà très animée. Les rues sont pleines de monde, et Clara regarde cette agitation avec plaisir. Elle n'arrête pas de lever les yeux vers les **bâtiments** qui l'**entourent**. C'est une très belle ville, l'architecture est admirable, vraiment. Les rues montent et descendent, elle découvre le quartier de Belleville-Pyrénées. Quand ils arrivent au parc des Buttes Chaumont, Clara découvre un immense espace vert, avec de grandes **allées** bordées d'arbres et de massifs de fleurs ainsi que de **prairies**. **Au centre**, en contrebas, il y a même un lac avec des canards et des **cygnes**.

Amandine explique que le parc a été créé sous le **règne** de Napoléon III. Aujourd'hui, c'est un parc très apprécié des familles parisiennes qui viennent s'y promener, faire leur jogging, emmener leurs enfants...

Les amis s'installent pour pique-niquer près du lac, **à l'ombre** d'un grand arbre. Avec tout ça, Clara en a presque oublié Adam ; Céline, elle, n'a pas oublié la petite conversation avant de s'endormir... Elle profite d'un moment un peu privé pour discuter avec son amie.

« Alors, Adam et toi, vous... dit-elle pour lancer la conversation, très curieuse.

- Alors ce n'est pas ce que tu crois, répond Clara, qui ne peut **pourtant** pas réprimer un sourire. On n'a pas flirté, vraiment, on discute, c'est tout !

- C'est drôle mais tu m'as donné une tout autre impression hier soir, rit Céline. Allez, dis-moi !

- Bon, mais je ne sais pas, oui, il me plaît ! Mais c'est vrai, il ne s'est rien passé, on s'est écrit après notre départ, c'est tout, explique Clara, un peu **gênée**. C'est que c'est un ami de ta famille, et il est un peu plus âgé que moi, ça me dérange un peu.

- Le fait qu'il soit proche de notre famille ne l'engage à rien, si ce n'est à être correct avec toi ! Vous faites bien ce que vous voulez, réplique Céline. Moi, je crois que tu lui as beaucoup plu ! »

Clara est un peu rassurée – et surtout très contente d'avoir un **regard** extérieur positif. Elle n'a pas rêvé : **il y a** quelque chose entre eux.

Bâtiment (m) (nom commun) : building
Entourer (verbe) : to surround
Allée (f) (nom commun) : avenue
Prairie (f) (nom commun) : pasture, meadow
Au centre (locution adverbiale) : in the middle
Cygne (m) (nom commun) : swan
Règne (m) (nom commun) : reign, dominion
À l'ombre (locution adverbiale) : in the shade
Pourtant (adverbe) : yet, however
Gêné (adjectif) : embarrassed
Regard (f) (nom commun) : opinion, viewpoint (in this context)
Il y a (locution verbale) : there is, there are

Questions (Chapitre 1)

1. Que décide Clara de faire lorsque tout le monde dort encore dans l'appartement ?
a) Elle commence à préparer des crêpes pour tout le monde
b) Elle retourne se coucher dans sa chambre
c) Elle part faire une promenade dans la ville
d) Elle prépare un café et lit un livre dans le salon

2. Pourquoi Clara prend-elle un cachet d'aspirine dans la salle de bain ?
a) Parce qu'elle veut être en forme pour la journée
b) Pour se réveiller complètement
c) Pour soulager son mal de tête
d) Parce qu'elle se sent fatiguée

3. Quelle est la profession de Victor ?
a) Chef cuisinier
b) Musicien professionnel
c) Écrivain
d) Acteur de théâtre

4. Que prévoient de faire les amis après leur promenade au parc des Buttes Chaumont ?
a) Regarder un film
b) Faire un pique-nique
c) Aller au musée
d) Visiter une galerie d'art

5. Pourquoi Clara est-elle un peu gênée en parlant de sa relation avec Adam ?
a) Parce qu'elle pense que Céline désapprouve sa relation
b) Parce qu'elle trouve qu'Adam est un peu trop jeune pour elle
c) Parce qu'Adam est un ami de la famille de Céline et est plus âgé qu'elle
d) Parce qu'elle pense qu'Adam ne s'intéresse pas vraiment à elle

1. Promenades dans Paris

C'est le premier matin de Clara à Paris. Elle se réveille avant tout le monde, avec un léger mal de tête qui lui rappelle les quelques verres pris en terrasse hier avec ses nouveaux amis. Elle se lève doucement pour ne pas réveiller Céline, qui dort à côté d'elle. Elle prend son téléphone, son livre. Il est sept heures du matin et tout le monde dort dans l'appartement, alors elle décide de préparer un café et de s'installer dans le salon pour bouquiner. Elle va dans la cuisine, cherche le café, la cafetière, prépare une tasse. Pendant que le café coule, elle réalise qu'elle a un peu faim. Elle décide de s'habiller et de descendre à la boulangerie pour chercher des croissants et des pains au chocolat. Elle en achète assez pour tout le monde, et aussi une belle baguette pas trop cuite.

Quand elle rentre dans l'appartement, tout le monde dort encore. Elle va dans la salle de bain, fait un brin de toilette, prend un cachet d'aspirine pour son mal de tête, puis se sert un café dans la cuisine. Elle prend une assiette, un croissant et un pain au chocolat et va s'installer confortablement sur le canapé du salon, avec son petit-déjeuner et son livre. Elle reste ainsi pendant plus d'une heure, à lire et à boire du café, jusqu'à s'assoupir sur le sofa, quand Victor fait son apparition dans le salon.

1. Strolls in Paris

It's Clara's first morning in Paris. She wakes up before everyone else, with a slight headache that reminds her of yesterday's drinks on the terrace with her new friends. She gets up slowly so as not to wake Céline, who is sleeping next to her. She picks up her phone and her book. It's seven o'clock in the morning and everyone in the apartment is asleep, so she decides to make a coffee and sit down in the living room to read. She goes into the kitchen, finds the coffee, the pot and prepares a cup. As the coffee brews, she realizes she's a little hungry. She decides to get dressed and go down to the bakery for croissants and pains au chocolat. She buys enough for everyone, as well as a nice baguette that's not overcooked.

When she enters the apartment, everyone is still asleep. She goes into the bathroom, cleans up a bit, takes an aspirin tablet for her headache, then pours herself a cup of coffee in the kitchen. She takes a plate, a croissant and a pain au chocolat and settles comfortably on the sofa in the living room, with her breakfast and her book. She stays like this for over an hour, reading and drinking coffee, until she dozes off on the sofa, when Victor appears in the living room.

« Tu es bien matinale ! lui dit-elle quand elle ouvre les yeux.

- Ah, mais tu vois, je m'étais rendormie. Tu as bien dormi ? Je ne vous ai pas réveillés en faisant du bruit dans la cuisine et la salle de bain ? demande Clara.

- Pas du tout ! Amandine dort encore à poings fermés, je pense que Céline dort aussi. Il reste du café ? demande Victor.

- Oui, bien sûr, plein ! Et il y a des croissants et des pains au chocolat dans la cuisine, sers-toi, propose Clara.

- Ah, super, quel luxe ! Un vrai petit-déjeuner de week-end. Merci ! »

Victor va se servir dans la cuisine et s'installe en face de Clara, sur un fauteuil. Tous les deux commencent à discuter. Victor pose plein de questions à Clara, sur sa vie aux États-Unis, sa vie en France, sa famille, les différences culturelles entre les deux pays, ce qu'elle aime, ce qu'elle préfère. Il lui raconte aussi sa propre vie : il est musicien professionnel. Ce n'est pas une vie facile car on doit constamment se battre pour trouver des dates de concert, et pour conquérir son public. Mais il vit de sa passion et pour lui, ça n'a pas de prix. Il fait écouter quelques-unes de ses chansons à Clara, elle trouve ça très joli. C'est la musique qui semble

"You're up bright and early, she says when she opens her eyes.

- Ah, but you see, I fell asleep again. Did you sleep well? I didn't wake you up by making a noise in the kitchen and bathroom? asks Clara.

- No, you didn't! Amandine is still sound asleep, and I think Céline is asleep too. Is there any coffee left? asks Victor.

- Yes, of course, plenty! And there are croissants and pains au chocolat in the kitchen, help yourself, suggests Clara.

- Ah, great, what luxury! A real weekend breakfast. Thank you!"

Victor goes into the kitchen to help himself and sits down opposite Clara on an armchair. The two of them start chatting. Victor asks Clara lots of questions, about her life in the U.S., her life in France, her family, the cultural differences between the two countries, what she likes, what she prefers. He also tells her about his own life: he's a professional musician. It's not an easy life, as you constantly have to fight to find concert dates and win over your audience. But he makes a living from his passion, and for him, that's priceless. He plays a few of his songs for Clara, and she thinks it's lovely. It's the music that seems to wake Amandine and Céline

réveiller Amandine et Céline.

Elles se lèvent et rejoignent leurs amis dans le salon, une tasse de café dans une main et un croissant dans l'autre. Les quatre amis prennent le temps de discuter longuement de tout et de rien avant de préparer le programme de la journée. Il est prévu d'aller faire une promenade dans le parc des Buttes Chaumont et de retrouver les amis pour un pique-nique. Il faut préparer le pique-nique : faire quelques courses pour préparer une grosse salade composée, quelques fruits, acheter une bouteille de vin et des œufs.

Victor se dévoue pour aller faire les courses. Pendant ce temps, les filles prennent leurs douches, aèrent l'appartement, rangent la cuisine et le salon, font leurs lits. Amandine fait cuire du riz pour préparer la salade composée. Céline contacte les amis pour voir qui est toujours partant pour la promenade et le pique-nique. Manue, Marie et Déborah sont déjà levées aussi et en train de se préparer. Elles apportent du vin, du pain, du fromage et du saucisson. C'est tellement français que ça fait rire Clara, qui trouve ça presque cliché. Céline lui fait remarquer qu'elle devrait avoir l'habitude, maintenant : croissants, pain, saucisson, fromage : ce n'est pas du cliché, c'est du vrai ! « Il n'y a pas de mal à se faire plaisir, » ajoute Amandine, en se brossant les dents.

up.

They get up and join their friends in the living room, a cup of coffee in one hand and a croissant in the other. The four friends take the time to chat at length about everything and anything, before preparing the day's program. The plan is to go for a walk in the Buttes Chaumont park and meet up with the friends for a picnic. We need to prepare the picnic: do some shopping for a large mixed salad, some fruit, and buy a bottle of wine and some eggs.

Victor devotes himself to running errands. Meanwhile, the girls shower, air out the apartment, tidy up the kitchen and living room, and make their beds. Amandine cooks rice for the mixed salad. Céline contacts friends to see who's still up for the walk and picnic. Manue, Marie and Déborah are also already up and getting ready. They bring wine, bread, cheese and saucisson. It's so French that Clara laughs, finding it almost cliché. Céline points out that she should be used to it by now: croissants, bread, saucisson, cheese: it's not cliché, it's the real thing! "There's nothing wrong with indulging," adds Amandine, as she brushes her teeth.

Quand Victor rentre et prend sa douche, Amandine continue de préparer la salade. Clara apporte un peu d'aide dans la cuisine et Céline et Victor préparent le sac à pique-nique. Tout est prêt ! On met les chaussures et on y va.

Il est dix heures trente et la ville est déjà très animée. Les rues sont pleines de monde, et Clara regarde cette agitation avec plaisir. Elle n'arrête pas de lever les yeux vers les bâtiments qui l'entourent. C'est une très belle ville, l'architecture est admirable, vraiment. Les rues montent et descendent, elle découvre le quartier de Belleville-Pyrénées. Quand ils arrivent au parc des Buttes Chaumont, Clara découvre un immense espace vert, avec de grandes allées bordées d'arbres et de massifs de fleurs ainsi que de prairies. Au centre, en contrebas, il y a même un lac avec des canards et des cygnes. Amandine explique que le parc a été créé sous le règne de Napoléon III. Aujourd'hui, c'est un parc très apprécié des familles parisiennes qui viennent s'y promener, faire leur jogging, emmener leurs enfants...

Les amis s'installent pour pique-niquer près du lac, à l'ombre d'un grand arbre. Avec tout ça, Clara en a presque oublié Adam ; Céline, elle, n'a pas oublié la petite conversation avant de s'endormir... Elle profite d'un moment un peu privé pour discuter avec son amie.

When Victor comes home to shower, Amandine continues to prepare the salad. Clara helps out in the kitchen, and Céline and Victor prepare the picnic bag. All set! Shoes on and off we go.

It's ten-thirty and the town is already bustling. The streets are full of people, and Clara watches the bustle with pleasure. She keeps looking up at the buildings around her. It's a beautiful city, and the architecture is truly admirable. The streets go up and down, and she discovers the Belleville-Pyrénées district. When they arrive at the Parc des Buttes Chaumont, Clara discovers an immense green space, with wide avenues lined with trees, flowerbeds and meadows. In the center, below the park, there's even a lake with ducks and swans. Amandine explains that the park was created during the reign of Napoleon III. Today, it's a popular place for Parisian families to stroll, jog or take their children...

The friends settle down for a picnic by the lake, in the shade of a large tree. With all this, Clara has almost forgotten Adam; Céline, on the other hand, has not forgotten the little conversation she had before falling asleep... She takes advantage of a private moment to chat with her

« Alors, Adam et toi, vous... dit-elle pour lancer la conversation, très curieuse.

- Alors ce n'est pas ce que tu crois, répond Clara, qui ne peut pourtant pas réprimer un sourire. On n'a pas flirté, vraiment, on discute, c'est tout !

- C'est drôle mais tu m'as donné une tout autre impression hier soir, rit Céline. Allez, dis-moi !

- Bon, mais je ne sais pas, oui, il me plaît ! Mais c'est vrai, il ne s'est rien passé, on s'est écrit après notre départ, c'est tout, explique Clara, un peu gênée. C'est que c'est un ami de ta famille, et il est un peu plus âgé que moi, ça me dérange un peu.

- Le fait qu'il soit proche de notre famille ne l'engage à rien, si ce n'est à être correct avec toi ! Vous faites bien ce que vous voulez, réplique Céline. Moi, je crois que tu lui as beaucoup plu ! »

Clara est un peu rassurée – et surtout très contente d'avoir un regard extérieur positif. Elle n'a pas rêvé : il y a quelque chose entre eux.

"So, you and Adam, you... she says to start the conversation, very curious.

- Then it's not what you think, Clara replies, though she can't suppress a smile. We're not flirting, really, we're just chatting!

- It's funny, but you gave me a completely different impression last night, laughs Céline. Come on, tell me!

- Well, I don't know, yes, I like him! But it's true, nothing happened, we wrote to each other after we left, that's all, explains Clara, a little embarrassed. It's just that he's a friend of your family, and he's a bit older than me, and that bothers me a bit.

- The fact that he's close to our family doesn't commit him to anything, except being decent to you! You do what you like, retorts Céline. I think he really liked you!"

Clara is a little reassured - and above all very happy to have a positive outside view. She wasn't dreaming: there's something between them.

Questions (Chapitre 1)

1. Que décide Clara de faire lorsque tout le monde dort encore dans l'appartement ?
a) Elle commence à préparer des crêpes pour tout le monde
b) Elle retourne se coucher dans sa chambre
c) Elle part faire une promenade dans la ville
d) Elle prépare un café et lit un livre dans le salon

2. Pourquoi Clara prend-elle un cachet d'aspirine dans la salle de bain ?
a) Parce qu'elle veut être en forme pour la journée
b) Pour se réveiller complètement
c) Pour soulager son mal de tête
d) Parce qu'elle se sent fatiguée

3. Quelle est la profession de Victor ?
a) Chef cuisinier
b) Musicien professionnel
c) Écrivain
d) Acteur de théâtre

4. Que prévoient de faire les amis après leur promenade au parc des Buttes Chaumont ?
a) Regarder un film
b) Faire un pique-nique
c) Aller au musée
d) Visiter une galerie d'art

**5. Pourquoi Clara est-elle un peu gênée en parlant de sa relation avec

Questions (Chapter 1)

1. What does Clara decide to do when everyone is still asleep in the apartment?
a) She starts making crepes for everyone
b) She goes back to bed in her room
c) She goes for a walk in the city
d) She prepares a coffee and reads a book in the living room

2. Why does Clara take an aspirin pill in the bathroom?
a) Because she wants to be fit for the day
b) To wake up completely
c) To relieve her headache
d) Because she feels tired

3. What is Victor's profession?
a) Chef
b) Professional musician
c) Writer
d) Theater actor

4. What do the friends plan to do after their walk in Parc des Buttes Chaumont?
a) Watch a movie
b) Have a picnic
c) Go to a museum
d) Visit an art gallery

**5. Why is Clara a little embarrassed talking about her relationship with

Adam ?
a) Parce qu'elle pense que Céline désapprouve sa relation
b) Parce qu'elle trouve qu'Adam est un peu trop jeune pour elle
c) Parce qu'Adam est un ami de la famille de Céline et est plus âgé qu'elle
d) Parce qu'elle pense qu'Adam ne s'intéresse pas vraiment à elle

Adam?
a) Because she thinks Céline disapproves of her relationship
b) Because she thinks Adam is a bit too young for her
c) Because Adam is a friend of Céline's family and is older than her
d) Because she thinks Adam is not really interested in her

2. Le musée du Louvre

La journée au parc se termine très bien. Un peu pompettes, un peu fatigués, les quatre amis rentrent à l'appartement pour préparer le repas du soir et la journée du lendemain. **Au programme** : promenade dans le Marais puis direction Le Louvre pour une visite du musée. Clara regarde sur Internet et elle **se rend compte** que le musée est immense ! Victor explique que quand on va au Louvre, il faut choisir les **ailes** du musée que l'on veut voir. En effet, ce n'est vraiment pas possible de tout voir en une journée, **à moins de** courir et de ne rien voir du tout.

C'est à Clara de décider ce qu'elle souhaite visiter. Elle **parcourt** le site Internet et décide qu'ils iront voir l'aile égyptienne et l'art italien – à cause de la Joconde. Tout le monde est d'accord. **D'ailleurs**, Amandine connaît le musée par cœur et Céline n'est pas très **connaisseuse**. En plus, Clara étudie l'histoire de l'art et c'est bien sûr elle la mieux placée pour prendre cette décision !

Amandine et Clara cuisinent pendant deux heures : elles préparent un repas indien. Ça sent divinement bon dans l'appartement ! Pendant que le **poulet** est au four, les quatre amis se relaxent chacun de leur côté. Amandine et Victor font une **partie d'échecs**, Céline bouquine et Clara discute avec Adam

sur son téléphone. Son sourire devant l'**écran** fait rire Céline, qui la taquine gentiment. Victor et Amandine comprennent qu'il y a une **histoire de cœur** derrière ce sourire, et commencent à entrer dans la conversation. Bientôt, des photos d'Adam circulent et des tas de questions sur ce qu'il fait, sur la distance, sur les possibilités d'une relation dans le futur. Clara est un peu gênée, mais en même temps ravie que la discussion tourne autour d'Adam, car elle pense à lui toute la journée.

Après le dîner, Clara note la recette, passe quelques minutes sur son blog pour le **mettre à jour**, appelle sa famille, envoie un dernier message à Adam et va se mettre au lit. Céline continue à discuter avec Amandine jusqu'à tard, mais Clara souhaite être en pleine forme pour la journée du lendemain.

Au programme (locution adverbiale) : the program includes
Se rendre compte (locution verbale) : to realize, to become aware that
Aile (f) (nom commun) : wing
À moins de (locution prépositionnelle) : unless
Parcourir (verbe) : to browse
D'ailleurs (locution adverbiale) : by the way, for that matter
Connaisseur (m) (nom commun) : expert, specialist
Poulet (m) (nom commun) : chicken
Partie d'échecs (f) (nom commun) : game of chess
Écran (m) (nom commun) : screen
Histoire de cœur (f) (nom commun) : heart-felt story, love story
Mettre à jour (locution verbale) : to update

Quand le réveil sonne, Clara est déjà levée depuis deux bonnes heures. Comme la veille, elle a préparé le café et elle est allée chercher des croissants, des pains au chocolat et du pain. Elle a aussi acheté un beau **chausson aux pommes** bien caramélisé. Elle a envoyé quelques photos à Adam, mais aussi à Valentine, pour lui demander des nouvelles de Scruffles. Sans surprise, le chien est en pleine forme ! Il s'est très bien adapté à l'appartement de Valentine et à sa compagnie. Il ne fait presque pas de **bêtises** et dort sagement dans son **panier** tous les soirs. Clara se sent presque jalouse : elle espère que son petit chien l'aimera toujours quand elle rentrera !

Adam, de son côté, **envoie** des photos de la Côte d'Azur. Poissons, bateau, plages... Clara se sent déjà un peu nostalgique de ces deux semaines merveilleuses dans le sud. Elle envoie quelques photos de Paris, mais même la capitale lui semble un peu **fade** comparée à ces **paysages** grandioses du

Midi. Mais en place de la sieste quotidienne et du tour en bateau, une visite du Louvre **vaut** bien la **peine** !

Une fois le petit-déjeuner pris et rangé, les lits faits, les douches prises, tout le monde est prêt pour partir. Victor propose le métro mais les filles refusent. C'est un peu loin, mais c'est une bonne **balade**, elles veulent y aller **à pied** ! En effet, la promenade est un peu longue. **En plus**, ils font des détours par les jolies rues, s'arrêtent boire des cafés sur des terrasses agréables, se promènent le long des quais, font un détour sur l'Île Saint-Louis... Quand la troupe arrive au Louvre, c'est déjà le début de l'après-midi !

Clara s'arrête **longuement** à l'entrée pour prendre des photos. Le Carrousel, la pyramide de verre, le palais du Louvre, le grand parc qui lui fait face... C'est comme être au milieu d'une carte postale ! Après quelques selfies et une quarantaine de photos, les amis décident d'entrer. Il y a une longue queue, mais heureusement, Amandine a acheté les billets **en ligne** la veille. Ils peuvent donc passer devant bon nombre de touristes.

Chausson aux pommes (m) (nom commun) : apple turnover
Bêtises (f, pl) (nom commun) : naughtiness, bad behavior
Panier (m) (nom commun) : basket
Envoyer (verbe) : to send
Fade (adjectif) : tasteless, colorless
Paysage (m) (nom commun) : landscape, scenery
Valoir la peine (locution verbale) : to be worthwhile
Balade (f) (nom commun) : stroll, walk
À pied (locution adverbiale) : on foot
En plus (locution adjectivale) : moreover, in addition
Longuement (adverbe) : for a long time
En ligne (locution adverbiale) : online

Le musée impressionne beaucoup Clara. Immense, beau, bien organisé... Elle est bien entendu très **émue** quand elle se trouve face à la Joconde. Elle savait que le **tableau** était petit, mais elle ne s'attendait pas à ce qu'il soit si fascinant. Elle reste un bon quart d'heure à l'admirer. Quand elle se retourne, elle prend un **choc** esthétique en découvrant les Noces de Cana, de Véronèse, juste derrière elle. Un tableau immense et tellement beau ! Et comme tous les touristes sont **agglutinés** devant la Joconde, c'est comme si elle avant le Véronèse pour elle toute seule.

Après l'aile italienne, le groupe de copains se dirige vers l'aile égyptienne. Les **momies**, les objets d'art, les objets tirés des **tombeaux** égyptiens, les bas-reliefs... Tout est somptueux, très bien éclairé et très bien expliqué. Victor ronchonne : ces objets devraient avoir leur place en Egypte ! Les archéologues français **ont pillé** ces tombes, selon lui. Clara n'avait jamais pensé aux choses sous cet angle-là. Amandine lui explique qu'il existe de nombreuses polémiques au sujet des œuvres provenant de l'étranger, notamment d'Afrique. De nombreuses œuvres ont été collectées lors de missions européennes d'archéologie qui ont ramené les **œuvres** en Europe alors qu'elles auraient toute leur place dans ces pays. Pendant longtemps, on pouvait penser que les œuvres étaient mieux conservées ici qu'ailleurs. Mais il est temps de rendre les chefs d'œuvre culturels aux civilisations auxquelles elles **appartiennent**, **selon** de nombreuses personnes. Et surtout pour les œuvres prélevées dans des pays des anciennes colonies françaises.

Clara se promet de lire un peu plus sur la question. Elle réalise qu'elle ne connaît pas beaucoup l'histoire coloniale française, ni l'histoire de l'archéologie. Elle se dit que ce serait un sujet très intéressant pour un **exposé** l'année prochaine, à la fac...

Ému (adjectif) : moved, touched
Tableau (m) (nom commun) : painting
Choc (m) (nom commun) : shock
Agglutiné (adjectif) : to crowd, to huddle around
Momie (f) (nom commun) : mummy
Tombeau (m) (nom commun) : tomb, gravestone
Piller (verbe) : to plunder, to loot
Œuvre (f) (nom commun) : work, piece
Appartenir (verbe) : to belong to
Selon (préposition) : according to
Exposé (m) (nom commun) : presentation

Questions (Chapitre 2)

1. Qu'est-ce que Clara décide de voir lors de sa visite au Louvre ?
a) L'aile égyptienne et l'art italien
b) La section grecque et l'art français
c) Les sculptures modernes et l'art contemporain
d) Les antiquités romaines et l'art asiatique

2. Que préparent Clara et Amandine pour le dîner ?
a) Un repas chinois
b) Un repas italien
c) Un repas indien
d) Un repas français

3. Qu'est-ce que ressent Clara en voyant les photos de la Côte d'Azur envoyées par Adam ?
a) Elle se sent nostalgique des paysages grandioses du Midi
b) Elle se sent jalouse de ne pas être là-bas
c) Elle se sent impatiente de découvrir de nouveaux endroits
d) Elle se sent déçue de la comparaison avec Paris

4. Comment les amis décident-ils de se rendre au Louvre ?
a) En métro
b) En bus
c) À pied
d) En taxi

5. Comment Clara se sent-elle en découvrant la Joconde au Louvre ?
a) Elle est surprise par sa grande taille
b) Elle est émue et fascinée
c) Elle est déçue par le tableau
d) Elle est agacée par la foule de touristes

2. Le musée du Louvre

La journée au parc se termine très bien. Un peu pompettes, un peu fatigués, les quatre amis rentrent à l'appartement pour préparer le repas du soir et la journée du lendemain. Au programme : promenade dans le Marais puis direction Le Louvre pour une visite du musée. Clara regarde sur Internet et elle se rend compte que le musée est immense ! Victor explique que quand on va au Louvre, il faut choisir les ailes du musée que l'on veut voir. En effet, ce n'est vraiment pas possible de tout voir en une journée, à moins de courir et de ne rien voir du tout.

C'est à Clara de décider ce qu'elle souhaite visiter. Elle parcourt le site Internet et décide qu'ils iront voir l'aile égyptienne et l'art italien – à cause de la Joconde. Tout le monde est d'accord. D'ailleurs, Amandine connaît le musée par cœur et Céline n'est pas très connaisseuse. En plus, Clara étudie l'histoire de l'art et c'est bien sûr elle la mieux placée pour prendre cette décision !

Amandine et Clara cuisinent pendant deux heures : elles préparent un repas indien. Ça sent divinement bon dans l'appartement ! Pendant que le poulet est au four, les quatre amis se relaxent chacun de leur côté. Amandine et Victor font une partie d'échecs, Céline bouquine et Clara discute avec Adam sur son téléphone.

2. The Louvre Museum

The day at the park ends on a high note. A little tipsy, a little tired, the four friends return to the apartment to prepare for the evening meal and the next day. On the agenda: a stroll in the Marais district, then a visit to the Louvre museum. Clara looks on the Internet and realizes that the museum is huge! Victor explains that when you go to the Louvre, you have to choose which wings of the museum you want to see. It's not really possible to see everything in one day, unless you run and see nothing at all.

It's up to Clara to decide what she wants to visit. She scans the website and decides they'll go to the Egyptian wing and Italian art - because of the Mona Lisa. Everyone agrees. Amandine knows the museum like the back of her hand, and Céline isn't much of a connoisseur. What's more, Clara is studying art history, so she's obviously in the best position to make this decision!

Amandine and Clara cook for two hours: they prepare an Indian meal. The apartment smells divine! While the chicken is in the oven, the four friends relax on their own. Amandine and Victor play a game of chess, Céline reads a book and Clara chats to Adam on the phone. Her smile at the screen makes Céline laugh and tease

Son sourire devant l'écran fait rire Céline, qui la taquine gentiment. Victor et Amandine comprennent qu'il y a une histoire de cœur derrière ce sourire, et commencent à entrer dans la conversation. Bientôt, des photos d'Adam circulent et des tas de questions sur ce qu'il fait, sur la distance, sur les possibilités d'une relation dans le futur. Clara est un peu gênée, mais en même temps ravie que la discussion tourne autour d'Adam, car elle pense à lui toute la journée.

Après le dîner, Clara note la recette, passe quelques minutes sur son blog pour le mettre à jour, appelle sa famille, envoie un dernier message à Adam et va se mettre au lit. Céline continue à discuter avec Amandine jusqu'à tard, mais Clara souhaite être en pleine forme pour la journée du lendemain.

Quand le réveil sonne, Clara est déjà levée depuis deux bonnes heures. Comme la veille, elle a préparé le café et elle est allée chercher des croissants, des pains au chocolat et du pain. Elle a aussi acheté un beau chausson aux pommes bien caramélisé. Elle a envoyé quelques photos à Adam, mais aussi à Valentine, pour lui demander des nouvelles de Scruffles. Sans surprise, le chien est en pleine forme ! Il s'est très bien adapté à l'appartement de Valentine et à sa compagnie. Il ne fait presque pas de bêtises et dort sagement dans son

her gently. Victor and Amandine realize that there's a heartfelt story behind that smile, and start to enter into the conversation. Soon, photos of Adam are circulating, with lots of questions about what he's doing, how far away he is, and the possibility of a relationship in the future. Clara is a little embarrassed, but at the same time delighted that the discussion turns to Adam, as she thinks about him all day.

After dinner, Clara writes down the recipe, spends a few minutes updating her blog, calls her family, sends Adam a final message and heads off to bed. Céline continues to chat with Amandine until late, but Clara wants to be in top shape for the next day.

When the alarm goes off, Clara has already been up for a good two hours. As she had done the day before, she made coffee and went to get croissants, pains au chocolat and bread. She also bought a nice caramelized apple turnover. She sent some photos to Adam, but also to Valentine, to ask about Scruffles. Unsurprisingly, the dog is in great shape! He's adapted very well to Valentine's apartment and company. He hardly makes any mischief and sleeps soundly in his basket every night. Clara is almost jealous: she

panier tous les soirs. Clara se sent presque jalouse : elle espère que son petit chien l'aimera toujours quand elle rentrera !

Adam, de son côté, envoie des photos de la Côte d'Azur. Poissons, bateau, plages... Clara se sent déjà un peu nostalgique de ces deux semaines merveilleuses dans le sud. Elle envoie quelques photos de Paris, mais même la capitale lui semble un peu fade comparée à ces paysages grandioses du Midi. Mais en place de la sieste quotidienne et du tour en bateau, une visite du Louvre vaut bien la peine !

Une fois le petit-déjeuner pris et rangé, les lits faits, les douches prises, tout le monde est prêt pour partir. Victor propose le métro mais les filles refusent. C'est un peu loin, mais c'est une bonne balade, elles veulent y aller à pied ! En effet, la promenade est un peu longue. En plus, ils font des détours par les jolies rues, s'arrêtent boire des cafés sur des terrasses agréables, se promènent le long des quais, font un détour sur l'Île Saint-Louis... Quand la troupe arrive au Louvre, c'est déjà le début de l'après-midi !

Clara s'arrête longuement à l'entrée pour prendre des photos. Le Carrousel, la pyramide de verre, le palais du Louvre, le grand parc qui lui fait face... C'est comme être au milieu d'une carte postale ! Après quelques

hopes her little dog will still love her when she comes home!

Adam, for his part, sends photos of the Côte d'Azur. Fish, boats, beaches... Clara is already feeling a little nostalgic about her wonderful two weeks in the south. She sends a few photos of Paris, but even the capital seems a little bland compared to the grandiose landscapes of the Midi. But in place of the daily siesta and the boat trip, a visit to the Louvre is well worth it!

Once breakfast has been eaten and put away, the beds made and the showers taken, everyone is ready to leave. Victor suggests taking the metro, but the girls refuse. It's a bit far, but it's a good walk, and they want to go on foot! Indeed, the walk is a bit long. What's more, they make detours through pretty streets, stop for coffee on pleasant terraces, stroll along the quays, make a detour to the Île Saint-Louis... By the time the group reaches the Louvre, it's already early afternoon!

Clara stops for a long time at the entrance to take photos. The Carrousel, the glass pyramid, the Palais du Louvre, the huge park opposite... It's like being in the middle of a postcard! After a few selfies and

selfies et une quarantaine de photos, les amis décident d'entrer. Il y a une longue queue, mais heureusement, Amandine a acheté les billets en ligne la veille. Ils peuvent donc passer devant bon nombre de touristes.

Le musée impressionne beaucoup Clara. Immense, beau, bien organisé... Elle est bien entendu très émue quand elle se trouve face à la Joconde. Elle savait que le tableau était petit, mais elle ne s'attendait pas à ce qu'il soit si fascinant. Elle reste un bon quart d'heure à l'admirer. Quand elle se retourne, elle prend un choc esthétique en découvrant les Noces de Cana, de Véronèse, juste derrière elle. Un tableau immense et tellement beau ! Et comme tous les touristes sont agglutinés devant la Joconde, c'est comme si elle avant le Véronèse pour elle toute seule.

Après l'aile italienne, le groupe de copains se dirige vers l'aile égyptienne. Les momies, les objets d'art, les objets tirés des tombeaux égyptiens, les bas-reliefs... Tout est somptueux, très bien éclairé et très bien expliqué. Victor ronchonne : ces objets devraient avoir leur place en Egypte ! Les archéologues français ont pillé ces tombes, selon lui. Clara n'avait jamais pensé aux choses sous cet angle-là. Amandine lui explique qu'il existe de nombreuses polémiques au sujet des œuvres provenant de l'étranger, notamment d'Afrique. De nombreuses œuvres

about forty photos, the friends decide to go inside. There's a long queue, but fortunately Amandine bought the tickets online the day before. So they were able to pass many of the tourists.

Clara is very impressed by the museum. Immense, beautiful, well-organized... Naturally, she is very moved when she comes face to face with the Mona Lisa. She knew the painting was small, but she hadn't expected it to be so fascinating. She spends a good fifteen minutes admiring it. When she turns around, she gets an aesthetic shock when she discovers Veronese's Marriage at Cana, right behind her. A huge, beautiful painting! And with all the tourists crowding around the Mona Lisa, it's as if she has the Veronese all to herself.

After the Italian wing, the group heads for the Egyptian wing. Mummies, art objects, objects from Egyptian tombs, low-reliefs... Everything is sumptuous, very well lit and very well explained. Victor grumbles: these objects belong in Egypt! French archaeologists have plundered these tombs, in his opinion. Clara had never thought of it that way. Amandine explains to her that there is a lot of controversy about works from abroad, particularly from Africa. Many works were collected during European archaeological missions, which brought them back

ont été collectées lors de missions européennes d'archéologie qui ont ramené les œuvres en Europe alors qu'elles auraient toute leur place dans ces pays. Pendant longtemps, on pouvait penser que les œuvres étaient mieux conservées ici qu'ailleurs. Mais il est temps de rendre les chefs d'œuvre culturels aux civilisations auxquelles elles appartiennent, selon de nombreuses personnes. Et surtout pour les œuvres prélevées dans des pays des anciennes colonies françaises.

Clara se promet de lire un peu plus sur la question. Elle réalise qu'elle ne connaît pas beaucoup l'histoire coloniale française, ni l'histoire de l'archéologie. Elle se dit que ce serait un sujet très intéressant pour un exposé l'année prochaine, à la fac...

to Europe when they should have been in those countries. For a long time, people thought that works were better preserved here than elsewhere. But it's time to return cultural masterpieces to the civilizations to which they belong, according to many people. This is especially true of works taken from former French colonies.

Clara promises herself she'll read up on the subject. She realizes that she doesn't know much about French colonial history, or the history of archaeology. She thinks it would be a very interesting subject for a presentation next year at university...

Questions (Chapitre 2)

1. Qu'est-ce que Clara décide de voir lors de sa visite au Louvre ?
a) L'aile égyptienne et l'art italien
b) La section grecque et l'art français
c) Les sculptures modernes et l'art contemporain
d) Les antiquités romaines et l'art asiatique

2. Que préparent Clara et Amandine pour le dîner ?
a) Un repas chinois
b) Un repas italien
c) Un repas indien
d) Un repas français

3. Qu'est-ce que ressent Clara en voyant les photos de la Côte d'Azur envoyées par Adam ?
a) Elle se sent nostalgique des paysages grandioses du Midi
b) Elle se sent jalouse de ne pas être là-bas
c) Elle se sent impatiente de découvrir de nouveaux endroits
d) Elle se sent déçue de la comparaison avec Paris

4. Comment les amis décident-ils de se rendre au Louvre ?
a) En métro
b) En bus
c) À pied
d) En taxi

5. Comment Clara se sent-elle en découvrant la Joconde au Louvre ?
a) Elle est surprise par sa grande taille

Questions (Chapter 2)

1. What does Clara decide to visit during her visit to the Louvre?
a) The Egyptian wing and Italian art
b) The Greek section and French art
c) Modern sculptures and contemporary art
d) Roman antiquities and Asian art

2. What do Clara and Amandine prepare for dinner?
a) A Chinese meal
b) An Italian meal
c) An Indian meal
d) A French meal

3. How does Clara feel when seeing the photos of the French Riviera sent by Adam?
a) She feels nostalgic for the magnificent landscapes of the South
b) She feels jealous of not being there
c) She feels eager to discover new places
d)) She feels disappointed in comparison with Paris

4. How do the friends decide to get to the Louvre?
a) By metro
b) By bus
c) On foot
d) By taxi

5. How does Clara feel when discovering the Mona Lisa at the Louvre?

b) Elle est émue et fascinée
c) Elle est déçue par le tableau
d) Elle est agacée par la foule de touristes

a) She is surprised by its large size
b) She is moved and fascinated
c) She is disappointed by the painting
d) She is annoyed by the crowd of tourists

3. Promenade sur le canal Saint-Martin

En sortant du Louvre, tout le monde est **épuisé** ! La foule, rester debout sans bouger, le bruit, les tableaux, l'histoire... Les amis se dirigent vers le parc à la sortie du musée pour **se reposer** quelques minutes et décider de la **suite** et fin de la journée. Pendant que Victor s'endort sur l'**herbe**, les filles parlent de repas, d'apéritif et de promenade nocturne dans le quartier. Le programme **se dessine** : une quiche lorraine toute simple avec une salade, du fromage et des fruits, une petite bouteille de gamay et une promenade le long du canal Saint Martin pour digérer dans la soirée.

Ils se décident à rentrer à pied : **après tout**, c'est les vacances et on a bien le temps. Sur le chemin, ils achètent ce qui **manque** pour faire à manger : des oignons, des lardons, des œufs, du lait, du gruyère et de la crème. Victor prépare toujours la **pâte brisée** maison. Céline, gourmande, achète plein de fromage dans une fromagerie croisée en route.

C'est Clara qui passe le plus de temps en cuisine : elle a envie de faire plaisir à ses amis. Elle tranche les oignons, prépare les lardons, fait déglacer le tout dans un fond de vin blanc, prépare le gruyère et demande à Victor la recette de la pâte brisée, **en effet** très facile à réaliser. Céline **s'incruste** dans la cuisine

pour préparer un plateau de fromage **digne** d'un grand restaurant. Enfin, Victor et Amandine préparent un apéritif avec des tartines de tapenade, des olives et du saucisson.

> **Épuisé** (adjectif) : exhausted
> **Se reposer** (verbe pronominal) : to rest
> **Suite** (f) (nom commun) : what happens next
> **Herbe** (f) (nom commun) : grass
> **Se dessiner** (verbe pronominal) : to take shape
> **Après tout** (locution adverbiale) : after all
> **Manquer** (verbe) : to need (in this context)
> **Pâte brisée** (f) (nom commun) : shortcrust pastry
> **En effet** (locution adverbiale) : indeed, actually
> **S'incruster** (verbe pronominal) : to sneak in
> **Digne** (adjectif) : dignified, honorable

La discussion **va bon train** : politique, vie sociale, études, travail, emploi, élections, famille, tout y passe ! Clara **a pris l'habitude**, maintenant. Les Français adorent parler de politique. Quand le dîner est terminé, elle a l'impression qu'ils ont parlé de chacun des ministres du gouvernement ! Puis ils mettent leurs chaussures et se préparent pour la promenade digestive. La conversation se poursuit, et Victor **évoque** une future famille, des enfants... Céline s'exclame avec **entrain** : « Alors **ça y est**, vous en parlez enfin, des enfants ! C'est pour quand le mariage ? » Amandine éclate de rire.

« Tu **es enceinte** ? demande Céline, tout excitée.

- Tu **plaisantes**, tu m'as vue boire des bières et du vin, je suis pas enceinte du tout, répond Amandine en riant.

- **Pas encore, rétorque** Victor, pas encore !

- C'est en projet, alors ? demande Clara.

- On y pense doucement, répond Amandine. C'est un peu tôt, mais on voudrait être parents jeunes. »

La discussion se poursuit sur la question de la **parentalité**. Si l'on compare à la génération des parents de Céline, les gens **font des enfants** de plus en plus tard, surtout dans les grandes villes. Les femmes travaillent, les couples sont

moins stables, se séparent, les mariages se font plus tard... Clara pense à sa vie de jeune femme : elle est en France pour un an, **ensuite** elle repartira finir ses études aux États-Unis. Les rencontres, les amitiés et les amours qu'elle construit cette année sont très forts, mais vont-ils résister à la distance ? Est-elle obligée de retourner aux États-Unis pour poursuivre ses études ? Elle s'attache à ce petit pays. Elle aime le sentiment européen, les jolies villes, l'esprit français **vindicatif** et intelligent, la nourriture, les traditions...

Aller bon train (locution verbale) : to go well
Prendre l'habitude (locution verbale) : to get into the habit, to get used to
Évoquer (verbe) : to mention
Entrain (m) (nom commun) : spirit, enthusiasm
Ça y est (expression) : that's it
Être enceinte (locution verbale) : to be pregnant, to be expecting
Plaisanter (verbe) : to joke around, to mess around
Pas encore (locution adverbiale) : not yet
Rétorquer (verbe) : to retort, to answer back
Parentalité (f) (nom commun) : parenthood, parenting
Faire des enfants (locution verbale) : to have children
Ensuite (adverbe) : then, afterwards
Vindicatif (adjectif) : vindictive

Et elle aime bien Adam, aussi. Mais elle sait aussi qu'il ne faut pas faire de **plan sur la comète**. Rien n'est sûr, rien n'est prévu. Après tout, elle ne sait même pas s'ils vont **se revoir** ! Elle ne résiste pas à lui envoyer un petit message lorsqu'ils descendent vers le canal Saint-Martin : « Le Sud me manque un peu, et toi avec. » Cinq minutes après, son téléphone **vibre** dans sa **poche** : « Tu me manques aussi. Je prévois un séjour à Lyon bientôt, dis-moi, vous revenez quand ? » Clara sourit. Elle range son téléphone pour profiter de la promenade.

Les quais du canal Saint-Martin sont très charmants. Tout le quartier enchante Clara : les petits restaurants, les petites boutiques, les bars animés, les quais **piétons** avec une foule d'étudiants qui boivent quelques bières, assis au bord de l'eau, les **écluses** et les **ponts mobiles**... Amandine et Victor décident de traverser le pont de l'écluse en face du célèbre Hôtel du Nord. Céline raconte à Clara l'anecdote associée à ce pont : il s'agit d'un vieux film français de Marcel Carné, L'Hôtel du Nord, avec la **célèbre** actrice Arletty et une réplique du film aujourd'hui mythique où il est question de changer d'atmosphère... Clara se promet de regarder ce film dès qu'elle aura une

soirée de libre.

Quand les amis sont arrivés **au bout du** canal Saint-Martin, ils décident de remonter en s'arrêtant sur une terrasse pour partager un dernier verre et décider du programme du lendemain avant d'aller se coucher. Après une longue réflexion, les **avis** sont arrêtés : promenade en **péniche**, passages couverts, quartier latin et, si on a le temps, Palais de Tokyo avec la toute nouvelle exposition d'art contemporain en cours. Ce programme enchante Clara, qui s'inquiète pourtant déjà : le voyage à Paris touche à sa fin... Le temps passe beaucoup trop vite, il y a tellement de quartiers qu'elle n'a pas visité !

En rentrant se coucher, elle regarde les prix des billets de train. Elle voudrait revenir seule pour **se perdre** dans les rues de Paris **à sa guise**. Peut-être à la fin du mois, avant la reprise des cours et de son travail. Elle pourrait même voyager avec Scruffles ! Il est tard quand tout le monde va enfin se coucher, bien fatigués mais bien heureux de ces journées remplies et passionnantes entre amis.

Tirer des plans sur la comète (locution verbale) : to make ambitious plans
Se revoir (verbe pronominal) : to see each other again
Vibrer (verbe) : to vibrate
Poche (f) (nom commun) : pocket
Piéton (m) (nom commun) : pedestrian
Écluse (f) (nom commun) : lock
Pont mobile (m) (nom commun) : movable bridge
Célèbre (adjectif) : famous, well-known
Au bout de (locution prépositionnelle) : at the end of
Avis (m) (nom commun) : opinion, point of view
Péniche (f) (nom commun) : barge
Se perdre (verbe pronominal) : to get lost, to lose yourself
À sa guise (locution adverbiale) : as you please, as you wish

Questions (Chapitre 3)

1. Quel est le programme de la soirée des amis après leur visite au Louvre ?
a) Un dîner au restaurant suivi d'un spectacle
b) Une quiche lorraine avec une salade, du fromage et des fruits, suivi d'une promenade le long du canal Saint Martin
c) Une soirée dansante dans un club branché
d) Un pique-nique au parc suivi d'une séance de cinéma en plein air

2. Qui passe le plus de temps en cuisine pour préparer le repas ?
a) Victor
b) Amandine
c) Céline
d) Clara

3. Quel sujet de discussion suscite l'enthousiasme de Céline lors du dîner ?
a) La politique
b) Les études
c) Le mariage et les enfants
d) Les voyages

4. Que ressent Clara lorsqu'elle envoie un message à Adam pendant la promenade au canal Saint-Martin ?
a) Elle se sent nostalgique du Sud
b) Elle se sent impatiente de le revoir
c) Elle se sent préoccupée par l'avenir de leur relation
d) Elle se sent heureuse de partager ce moment avec lui

5. Quelle anecdote Céline raconte-t-elle à Clara concernant le pont de l'écluse au canal Saint-Martin ?
a) Une scène d'un vieux film français avec la célèbre actrice Arletty
b) Une légende urbaine sur un trésor caché sous le pont
c) Une histoire de fantômes hantant le quartier depuis des siècles
d) Une expérience personnelle survenue lors d'une soirée au bord du canal

3. Promenade sur le canal Saint-Martin

En sortant du Louvre, tout le monde est épuisé ! La foule, rester debout sans bouger, le bruit, les tableaux, l'histoire... Les amis se dirigent vers le parc à la sortie du musée pour se reposer quelques minutes et décider de la suite et fin de la journée. Pendant que Victor s'endort sur l'herbe, les filles parlent de repas, d'apéritif et de promenade nocturne dans le quartier. Le programme se dessine : une quiche lorraine toute simple avec une salade, du fromage et des fruits, une petite bouteille de gamay et une promenade le long du canal Saint Martin pour digérer dans la soirée.

Ils se décident à rentrer à pied : après tout, c'est les vacances et on a bien le temps. Sur le chemin, ils achètent ce qui manque pour faire à manger : des oignons, des lardons, des œufs, du lait, du gruyère et de la crème. Victor prépare toujours la pâte brisée maison. Céline, gourmande, achète plein de fromage dans une fromagerie croisée en route.

C'est Clara qui passe le plus de temps en cuisine : elle a envie de faire plaisir à ses amis. Elle tranche les oignons, prépare les lardons, fait déglacer le tout dans un fond de vin blanc, prépare le gruyère et demande à Victor la recette de la pâte brisée, en effet très facile à réaliser. Céline

3. Stroll along the Canal Saint-Martin

By the time we left the Louvre, everyone was exhausted! The crowds, standing still, the noise, the paintings, the history... The friends head for the park just outside the museum to rest for a few minutes and decide what to do next. While Victor falls asleep on the grass, the girls talk about meals, aperitifs and evening walks in the neighborhood. The program takes shape: a simple quiche lorraine with salad, cheese and fruit, a small bottle of Gamay and a walk along the Canal Saint Martin to digest the evening.

They decide to walk home: after all, it's the vacations and there's plenty of time. On the way, they buy what they need to make a meal: onions, bacon, eggs, milk, Gruyère cheese and cream. Victor always prepares homemade shortcrust pastry. Céline, with a sweet tooth, buys lots of cheese from a cheese shop she comes across along the way.

Clara spends most of her time in the kitchen, eager to please her friends. She slices the onions, prepares the lardons, deglazes them in a base of white wine, prepares the Gruyère and asks Victor for the recipe for the shortcrust pastry, which is very easy to make indeed. Céline goes into the

s'incruste dans la cuisine pour préparer un plateau de fromage digne d'un grand restaurant. Enfin, Victor et Amandine préparent un apéritif avec des tartines de tapenade, des olives et du saucisson.

La discussion va bon train : politique, vie sociale, études, travail, emploi, élections, famille, tout y passe ! Clara a pris l'habitude, maintenant. Les Français adorent parler de politique. Quand le dîner est terminé, elle a l'impression qu'ils ont parlé de chacun des ministres du gouvernement ! Puis ils mettent leurs chaussures et se préparent pour la promenade digestive. La conversation se poursuit, et Victor évoque une future famille, des enfants... Céline s'exclame avec entrain : « Alors ça y est, vous en parlez enfin, des enfants ! C'est pour quand le mariage ? » Amandine éclate de rire.

« Tu es enceinte ? demande Céline, tout excitée.

- Tu plaisantes, tu m'as vue boire des bières et du vin, je suis pas enceinte du tout, répond Amandine en riant.

- Pas encore, rétorque Victor, pas encore !

- C'est en projet, alors ? demande Clara.

kitchen to prepare a cheese platter worthy of a top restaurant. Finally, Victor and Amandine prepare an aperitif with tapenade, olives and sausage.

The discussion goes on: politics, social life, studies, work, employment, elections, family, everything! Clara is used to it by now. The French love to talk politics. By the time dinner is over, it's as if they've talked about every single government minister! Then they put on their shoes and get ready for the digestive walk. The conversation continues, and Victor mentions a future family, children... Céline exclaims enthusiastically: "So that's it, you're finally talking about children! When's the wedding?" Amandine bursts out laughing.

"Are you pregnant? asks Céline, all excited.

- You're joking, you've seen me drinking beer and wine, I'm not pregnant at all, replies Amandine, laughing.

- Not yet, retorts Victor, not yet!

- So it's in the pipeline, then? asks Clara.

- On y pense doucement, répond Amandine. C'est un peu tôt, mais on voudrait être parents jeunes. »

La discussion se poursuit sur la question de la parentalité. Si l'on compare à la génération des parents de Céline, les gens font des enfants de plus en plus tard, surtout dans les grandes villes. Les femmes travaillent, les couples sont moins stables, se séparent, les mariages se font plus tard... Clara pense à sa vie de jeune femme : elle est en France pour un an, ensuite elle repartira finir ses études aux États-Unis. Les rencontres, les amitiés et les amours qu'elle construit cette année sont très forts, mais vont-ils résister à la distance ? Est-elle obligée de retourner aux États-Unis pour poursuivre ses études ? Elle s'attache à ce petit pays. Elle aime le sentiment européen, les jolies villes, l'esprit français vindicatif et intelligent, la nourriture, les traditions...

Et elle aime bien Adam, aussi. Mais elle sait aussi qu'il ne faut pas faire de plan sur la comète. Rien n'est sûr, rien n'est prévu. Après tout, elle ne sait même pas s'ils vont se revoir ! Elle ne résiste pas à lui envoyer un petit message lorsqu'ils descendent vers le canal Saint-Martin : « Le Sud me manque un peu, et toi avec. » Cinq minutes après, son téléphone vibre dans sa poche : « Tu me manques aussi. Je prévois un séjour à

- We're slowly thinking about it, replies Amandine. It's a bit early, but we'd like to be parents when we're young."

The discussion continued on the question of parenthood. Compared to Céline's parents' generation, people are having children later and later, especially in the big cities. Women are working, couples are less stable, separating, marriages are later... Clara thinks about her life as a young woman: she's in France for a year, then she'll go back to the United States to finish her studies. The encounters, friendships and loves she builds this year are very strong, but will they withstand the distance? Does she have to return to the United States to continue her studies? She becomes attached to this small country. She loves the European feeling, the pretty towns, the vindictive and intelligent French spirit, the food, the traditions...

And she likes Adam, too. But she also knows better than to plan for the future. Nothing is certain, nothing is planned. After all, she doesn't even know if they'll see each other again! She can't resist sending him a little message as they walk down to the Canal Saint-Martin: "I miss the South a little, and you with it." Five minutes later, her phone vibrates in her pocket: "I miss you too. I'm planning a trip to Lyon soon, tell me,

Lyon bientôt, dis-moi, vous revenez quand ? » Clara sourit. Elle range son téléphone pour profiter de la promenade.

Les quais du canal Saint-Martin sont très charmants. Tout le quartier enchante Clara : les petits restaurants, les petites boutiques, les bars animés, les quais piétons avec une foule d'étudiants qui boivent quelques bières, assis au bord de l'eau, les écluses et les ponts mobiles... Amandine et Victor décident de traverser le pont de l'écluse en face du célèbre Hôtel du Nord. Céline raconte à Clara l'anecdote associée à ce pont : il s'agit d'un vieux film français de Marcel Carné, L'Hôtel du Nord, avec la célèbre actrice Arletty et une réplique du film aujourd'hui mythique où il est question de changer d'atmosphère... Clara se promet de regarder ce film dès qu'elle aura une soirée de libre.

Quand les amis sont arrivés au bout du canal Saint-Martin, ils décident de remonter en s'arrêtant sur une terrasse pour partager un dernier verre et décider du programme du lendemain avant d'aller se coucher. Après une longue réflexion, les avis sont arrêtés : promenade en péniche, passages couverts, quartier latin et, si on a le temps, Palais de Tokyo avec la toute nouvelle exposition d'art contemporain en cours. Ce programme enchante Clara, qui s'inquiète pourtant déjà : le voyage à

when are you coming back?" Clara smiles. She puts her phone away to enjoy the walk.

The quays of the Canal Saint-Martin are very charming. Clara is enchanted by the whole district: the little restaurants, the boutiques, the lively bars, the pedestrian quays with crowds of students drinking a few beers, sitting by the water, the locks and movable bridges.... Amandine and Victor decide to cross the lock bridge opposite the famous Hôtel du Nord. Céline tells Clara the anecdote associated with this bridge: it's an old French film by Marcel Carné, L'Hôtel du Nord, with the famous actress Arletty and a replica of the now mythical film about changing atmosphere... Clara vows to watch the film as soon as she has a free evening.

When the friends have reached the end of the Canal Saint-Martin, they decide to head back upstream, stopping at a terrace to share a nightcap and decide on the next day's program before going to bed. After much thought, they decide on the following: a barge trip, the covered passages, the Latin Quarter and, if there's time, the Palais de Tokyo with its brand-new contemporary art exhibition. Clara is delighted with the program, but is already worried: the trip to Paris is coming to an end...

Paris touche à sa fin... Le temps passe beaucoup trop vite, il y a tellement de quartiers qu'elle n'a pas visité !

En rentrant se coucher, elle regarde les prix des billets de train. Elle voudrait revenir seule pour se perdre dans les rues de Paris à sa guise. Peut-être à la fin du mois, avant la reprise des cours et de son travail. Elle pourrait même voyager avec Scruffles ! Il est tard quand tout le monde va enfin se coucher, bien fatigués mais bien heureux de ces journées remplies et passionnantes entre amis.

Time goes by far too quickly, and there are so many parts of the city she hasn't visited yet!

When she goes home to bed, she looks at train ticket prices. She'd like to come back alone and lose herself in the streets of Paris as she pleases. Maybe at the end of the month, before she goes back to school and work. She could even travel with Scruffles! It's late by the time everyone goes to bed, tired but happy after a full and exciting day with friends.

Questions (Chapitre 3)

1. Quel est le programme de la soirée des amis après leur visite au Louvre ?
a) Un dîner au restaurant suivi d'un spectacle
b) Une quiche lorraine avec une salade, du fromage et des fruits, suivi d'une promenade le long du canal Saint Martin
c) Une soirée dansante dans un club branché
d) Un pique-nique au parc suivi d'une séance de cinéma en plein air

2. Qui passe le plus de temps en cuisine pour préparer le repas ?
a) Victor
b) Amandine
c) Céline
d) Clara

3. Quel sujet de discussion suscite l'enthousiasme de Céline lors du dîner ?
a) La politique
b) Les études
c) Le mariage et les enfants
d) Les voyages

4. Que ressent Clara lorsqu'elle envoie un message à Adam pendant la promenade au canal Saint-Martin ?
a) Elle se sent nostalgique du Sud
b) Elle se sent impatiente de le revoir
c) Elle se sent préoccupée par l'avenir de leur relation
d) Elle se sent heureuse de partager

Questions (Chapter 3)

1. What is the plan for the friends' evening after their visit to the Louvre?
a) Dinner at a restaurant followed by a show
b) A quiche Lorraine with a salad, cheese, and fruits, followed by a walk along the Canal Saint Martin
c) A dancing night at a trendy club
d) A picnic in the park followed by an outdoor movie screening

2. Who spends the most time in the kitchen preparing the meal?
a) Victor
b) Amandine
c) Céline
d) Clara

3. What topic of discussion excites Céline during dinner?
a) Politics
b) Studies
c) Marriage and children
d) Travels

4. How does Clara feel when she sends a message to Adam during the walk along the Canal Saint-Martin?
a) She feels nostalgic for the South
b) She feels eager to see him again
c) She feels concerned about the future of their relationship
d) She feels happy to share this

ce moment avec lui

5. Quelle anecdote Céline raconte-t-elle à Clara concernant le pont de l'écluse au canal Saint-Martin ?
a) Une scène d'un vieux film français avec la célèbre actrice Arletty
b) Une légende urbaine sur un trésor caché sous le pont
c) Une histoire de fantômes hantant le quartier depuis des siècles
d) Une expérience personnelle survenue lors d'une soirée au bord du canal

moment with him

5. What anecdote does Céline tell Clara about the lock bridge at Canal Saint-Martin?
a) A scene from an old French film starring the famous actress Arletty
b) An urban legend about a hidden treasure under the bridge
c) A story of ghosts haunting the neighborhood for centuries
d) A personal experience from an evening by the canal

4. Le centre-ville et les sites touristiques

Le lendemain est le jour de la visite du quartier latin, **comme prévu**, et Clara est particulièrement excitée à l'idée de se promener en plein centre historique de Paris. Elle a particulièrement hâte de **déambuler** dans les passages couverts, de **faire les boutiques** et de découvrir l'exposition **du moment** au Palais de Tokyo. Amandine lui avait dit que le Palais de Tokyo est très contemporain, souvent assez spectaculaire, avec des œuvres de performance, des œuvres immersives et des installations.

Après avoir pris un petit déjeuner rapide, organisé comme chaque matin par Clara, qui avait déjà pris l'habitude de prendre le chemin de la boulangerie pour **rapporter** croissants, pains au chocolat et baguette pendant que le café coulait, les quatre amis se préparent et se mettent en route pour leur journée de découvertes. Comme la journée est **chargée**, ils décident de se rendre près du quartier latin en métro. Ils décident de descendre à la station Saint Michel, près de Notre-Dame. **De là**, ils vont vers les quais, d'où partent les **bateaux-mouches**, pour regarder les horaires : ça tombe bien, un bateau part dans dix minutes ! Juste assez de temps pour Amandine d'acheter des billets et pour Victor de **fumer** une petite cigarette.

La promenade en bateau n'est peut-être pas **passionnante**, mais elle offre une autre perspective sur la ville. Clara n'écoute pas vraiment le discours touristique de la péniche, mais elle prend des photos tout autour d'elle. Quelle ville surprenante, et quelle belle architecture... Le tour en bateau dure près d'une heure. Après un passage sur les îles et les quais, après avoir admiré Notre-Dame de Paris, ils se dirigent vers les passages couverts, qui **regorgent de** boutiques élégantes et de restaurants chics.

> **Comme prévu** (locution adverbiale) : as intended, as expected
> **Déambuler** (verbe) : to wander, to walk around
> **Faire les boutiques** (locution verbale) : to go shopping
> **Du moment** (locution adjectivale) : of the moment, current
> **Rapporter** (verbe) : to bring [sth] back
> **Chargé** (adjectif) : busy
> **De là** (locution adverbiale) : from there, starting from there
> **Bateau-mouche** (m) (nom commun) : river boat
> **Fumer** (verbe) : to smoke
> **Passionnant** (adjectif) : fascinating, interesting, exciting
> **Regorger de** (verbe) : to be overflowing with

Clara et Céline admirent les vitrines tandis qu'Amandine et Victor leur expliquent l'histoire des passages : les passages couverts de Paris sont des galeries commerciales couvertes dont la construction date du début du dix-neuvième **siècle**. Elles ont été conçues comme un moyen de protéger les **promeneurs** des **intempéries** et de proposer des boutiques et des restaurants de qualité. Ces passages couverts, avec leur architecture si élégante, ont rapidement connu un grand succès. **Au cours des** années suivantes, de nombreux autres passages couverts ont été construits, offrant aux Parisiens et aux touristes un endroit agréable pour se promener, faire du shopping et **se restaurer**. Les passages couverts ont également été très populaires **auprès des** artistes et des intellectuels de l'époque, qui y trouvaient un lieu de rencontre et d'inspiration. Ils ont été le théâtre de nombreuses expositions d'art et de débats sur des sujets de société.

Clara comprend pourquoi ces lieux **demeurent** aujourd'hui si emblématiques et si touristiques. L'atmosphère semble intacte, on se croirait au début du dix-neuvième ! **Par la suite**, le petit groupe continue la visite en direction du quartier latin, l'occasion de passer devant quelques sites et bâtiments **incontournables**, comme la Sorbonne, le Panthéon et la place de la Contrescarpe. Ils s'arrêtent sur cette place, ronde, charmante et très animée,

pour boire un café sur une terrasse ensoleillée.

Le temps **file à toute allure**, mais ils réussissent tout de même à se rendre au Palais de Tokyo, où ils peuvent profiter de l'exposition en cours pendant une petite heure. C'est un peu court, mais Clara tenait vraiment à jeter un œil dans ce lieu devenu culte pour les amateurs d'art contemporain. Ce sont les gardiens du musée qui sont obligés de les **rappeler à l'ordre** quand l'heure de la fermeture est arrivée... **Affamés** et **éreintés**, le petit groupe de copains n'est pas triste que la journée soit terminée ! D'autant qu'il faut encore préparer le repas, mais aussi la valise : demain, Clara et Céline partent enfin pour Bruxelles !

> **Siècle** (m) (nom commun) : century
> **Promeneur** (f) (nom commun) : walker, rambler
> **Intempéries** (f, pl) (nom commun) : bad weather
> **Au cours de** (locution adverbiale) : during, over
> **Se restaurer** (verbe pronominal) : to eat
> **Auprès de** (préposition) : near, close to
> **Demeurer** (verbe) : to remain, to stay
> **Par la suite** (locution adverbiale) : thereafter, later
> **Incontournable** (adjectif) : unmissable, must-see
> **Filer à toute allure** (locution verbale) : to fly by
> **Rappeler à l'ordre** (locution verbale) : to call to order
> **Affamé** (adjectif) : hungry, starving
> **Éreinté** (adjectif) : exhausted

Retour en métro, donc, pour aller plus vite. Ils passent rapidement par la boutique indienne pour **racheter** quelques épices, du riz et de la **noix de coco** râpée. Amandine et Victor préparent le repas **tandis que** Clara et Céline préparent leurs bagages. Puis ils passent la soirée à cuisiner et à discuter autour de la table, partageant leurs dernières impressions sur leur journée et sur leur vie en général. Clara se sent un peu plus à l'aise avec ses nouveaux amis, et elle ne peut pas s'empêcher d'évoquer la relation **naissante** entre Adam et elle. Bien sûr, rien n'est certain. Mais le fait d'en parler autour d'elle rend ses sentiments plus concrets, et cela lui **fait chaud au cœur**.

Le lendemain matin, Clara et Céline se réveillent **aux aurores** et se préparent pour leur voyage en train vers Bruxelles. Elles ont hâte de découvrir ensemble la gastronomie locale, de visiter les sites touristiques et de se promener dans le centre-ville. Elles ont également prévu quelques bistrots réputés pour

prendre quelques cafés et bières en terrasse, profitant de la belle météo **estivale** pour regarder les passants en **papotant**.

Après avoir pris un rapide petit déjeuner avec Amandine et Victor, les deux amies se rendent à la gare et **grimpent** dans le train qui les emmène à Bruxelles. Elles sont assez fatiguées de leurs voyages et pérégrinations, mais toutes excitées à l'idée de découvrir une nouvelle ville, et elles passent le voyage à discuter et à regarder le paysage défiler derrière la **vitre**.

Arrivées à Bruxelles, Clara et Céline prennent un bus jusqu'à leur hôtel, dans le centre-ville, et **se mettent** immédiatement **en quête d'**un café pour atterrir, **manger un morceau** et regarder la ville et les passants.

Racheter (verbe) : to buy more
Noix de coco (f) (nom commun) : coconut
Tandis que (locution conjonction) : while, when
Naissant (adjectif) : budding, nascent
Faire chaud au cœur (locution verbale) : to be heart-warming
Aux aurores (locution adverbiale) : at dawn, at daybreak
Estivale (f) (nom commun) : summer, summer-like
Papoter (verbe) : to talk, to chat, to gossip
Grimper (verbe) : to get in, to board (in this context)
Vitre (f) (nom commun) : window, glass
Se mettre en quête de (locution verbale) : to go in search for
Manger un morceau (locution verbale) : to have a bite to eat

Questions (Chapitre 4)

1. Comment Clara prépare-t-elle le petit déjeuner chaque matin ?
a) Elle fait des crêpes
b) Elle va chercher des croissants et des pains au chocolat à la boulangerie
c) Elle prépare des œufs brouillés
d) Elle cuisine des pancakes maison

2. Comment les amis décident-ils de se rendre au quartier latin ?
a) En taxi
b) À pied
c) En métro
d) En bus

3. Quelle est la fonction principale des passages couverts de Paris dès leur conception ?
a) Offrir un refuge aux artistes et intellectuels
b) Protéger les promeneurs des intempéries
c) Servir de lieu de débats sur des sujets de société
d) Promouvoir des expositions d'art contemporain

4. Quel est le dernier arrêt du petit groupe pendant leur journée de découverte à Paris ?
a) La tour Eiffel
b) Le Louvre
c) L'Arc de Triomphe
d) Le Palais de Tokyo

5. Que prévoient Clara et Céline de faire une fois arrivées à Bruxelles ?
a) Découvrir la gastronomie locale et se promener dans le centre-ville
b) Visiter des musées renommés
c) Faire du shopping dans les rues commerçantes
d) Participer à des excursions en plein air dans les environs de la ville

4. Le centre-ville et les sites touristiques

Le lendemain est le jour de la visite du quartier latin, comme prévu, et Clara est particulièrement excitée à l'idée de se promener en plein centre historique de Paris. Elle a particulièrement hâte de déambuler dans les passages couverts, de faire les boutiques et de découvrir l'exposition du moment au Palais de Tokyo. Amandine lui avait dit que le Palais de Tokyo est très contemporain, souvent assez spectaculaire, avec des œuvres de performance, des œuvres immersives et des installations.

Après avoir pris un petit déjeuner rapide, organisé comme chaque matin par Clara, qui avait déjà pris l'habitude de prendre le chemin de la boulangerie pour rapporter croissants, pains au chocolat et baguette pendant que le café coulait, les quatre amis se préparent et se mettent en route pour leur journée de découvertes. Comme la journée est chargée, ils décident de se rendre près du quartier latin en métro. Ils décident de descendre à la station Saint Michel, près de Notre-Dame. De là, ils vont vers les quais, d'où partent les bateaux-mouches, pour regarder les horaires : ça tombe bien, un bateau part dans dix minutes ! Juste assez de temps pour Amandine d'acheter des billets et pour Victor de fumer une petite cigarette.

4. Downtown and tourist attractions

The next day is the day to visit the Latin Quarter, as planned, and Clara is particularly excited about the prospect of strolling through the historic center of Paris. She's particularly looking forward to strolling through the covered passages, shopping and discovering the current exhibition at the Palais de Tokyo. Amandine had told her that the Palais de Tokyo is very contemporary, often quite spectacular, with performance works, immersive works and installations.

After a quick breakfast, organized as every morning by Clara, who had already taken to the bakery to bring back croissants, pains au chocolat and baguettes while the coffee flowed, the four friends got ready and set off for their day of discoveries. As it's a busy day, they decide to take the metro near the Latin Quarter. They decide to get off at Saint Michel station, near Notre-Dame. From there, they head for the quays where the open excursion boats depart, to look at the timetables: just in time, a boat leaves in ten minutes! Just enough time for Amandine to buy tickets and Victor to have a smoke.

La promenade en bateau n'est peut-être pas passionnante, mais elle offre une autre perspective sur la ville. Clara n'écoute pas vraiment le discours touristique de la péniche, mais elle prend des photos tout autour d'elle. Quelle ville surprenante, et quelle belle architecture... Le tour en bateau dure près d'une heure. Après un passage sur les îles et les quais, après avoir admiré Notre-Dame de Paris, ils se dirigent vers les passages couverts, qui regorgent de boutiques élégantes et de restaurants chics.

Clara et Céline admirent les vitrines tandis qu'Amandine et Victor leur expliquent l'histoire des passages : les passages couverts de Paris sont des galeries commerciales couvertes dont la construction date du début du dix-neuvième siècle. Elles ont été conçues comme un moyen de protéger les promeneurs des intempéries et de proposer des boutiques et des restaurants de qualité. Ces passages couverts, avec leur architecture si élégante, ont rapidement connu un grand succès. Au cours des années suivantes, de nombreux autres passages couverts ont été construits, offrant aux Parisiens et aux touristes un endroit agréable pour se promener, faire du shopping et se restaurer. Les passages couverts ont également été très populaires auprès des artistes et des intellectuels de l'époque, qui y trouvaient un lieu de rencontre et d'inspiration. Ils ont été le théâtre de

The boat trip may not be exciting, but it offers another perspective on the city. Clara doesn't really listen to the touristy talk on the barge, but takes photos all around her. What a surprising city, and what beautiful architecture... The boat tour lasts almost an hour. After a passage along the islands and quays, and a look at Notre-Dame de Paris, they head for the covered passages, brimming with elegant boutiques and chic restaurants.

Clara and Céline admire the shop windows, while Amandine and Victor explain the history of the passages: Paris's covered passages are covered shopping galleries built in the early nineteenth century. They were conceived as a means of protecting strollers from the elements and offering quality stores and restaurants. These covered passageways, with their elegant architecture, quickly became a great success. Over the following years, many more covered passages were built, offering Parisians and tourists alike a pleasant place to stroll, shop and dine. The covered passages were also very popular with artists and intellectuals of the time, who found them a place to meet and inspire. They were the scene of numerous art exhibitions and debates on social issues.

nombreuses expositions d'art et de débats sur des sujets de société.	
Clara comprend pourquoi ces lieux demeurent aujourd'hui si emblématiques et si touristiques. L'atmosphère semble intacte, on se croirait au début du dix-neuvième ! Par la suite, le petit groupe continue la visite en direction du quartier latin, l'occasion de passer devant quelques sites et bâtiments incontournables, comme la Sorbonne, le Panthéon et la place de la Contrescarpe. Ils s'arrêtent sur cette place, ronde, charmante et très animée, pour boire un café sur une terrasse ensoleillée.	Clara understands why these places remain so emblematic and touristy today. The atmosphere seems unchanged - it's like being back in the early 19th century! Afterwards, the small group continues their tour in the direction of the Latin Quarter, passing a number of must-see sites and buildings, including the Sorbonne, the Pantheon and the Place de la Contrescarpe. They stop for a coffee on a sunny terrace in this round, charming and lively square.
Le temps file à toute allure, mais ils réussissent tout de même à se rendre au Palais de Tokyo, où ils peuvent profiter de l'exposition en cours pendant une petite heure. C'est un peu court, mais Clara tenait vraiment à jeter un œil dans ce lieu devenu culte pour les amateurs d'art contemporain. Ce sont les gardiens du musée qui sont obligés de les rappeler à l'ordre quand l'heure de la fermeture est arrivée... Affamés et éreintés, le petit groupe de copains n'est pas triste que la journée soit terminée ! D'autant qu'il faut encore préparer le repas, mais aussi la valise : demain, Clara et Céline partent enfin pour Bruxelles !	Time flies, but they still manage to get to the Palais de Tokyo, where they can enjoy the current exhibition for an hour or so. It's a bit short, but Clara really wanted to have a look around this cult venue for contemporary art lovers. It's the museum guards who have to call them to order when it's closing time... Hungry and exhausted, the little group of friends are not sad that the day is over! All the more so as they still have to prepare not only their meal, but also their suitcase: tomorrow, Clara and Céline are finally leaving for Brussels!
Retour en métro, donc, pour aller plus vite. Ils passent rapidement par la boutique indienne pour racheter	Back on the metro, then, to go faster. They quickly stop off at the Indian store to pick up some spices, rice and

quelques épices, du riz et de la noix de coco râpée. Amandine et Victor préparent le repas tandis que Clara et Céline préparent leurs bagages. Puis ils passent la soirée à cuisiner et à discuter autour de la table, partageant leurs dernières impressions sur leur journée et sur leur vie en général. Clara se sent un peu plus à l'aise avec ses nouveaux amis, et elle ne peut pas s'empêcher d'évoquer la relation naissante entre Adam et elle. Bien sûr, rien n'est certain. Mais le fait d'en parler autour d'elle rend ses sentiments plus concrets, et cela lui fait chaud au cœur.

Le lendemain matin, Clara et Céline se réveillent aux aurores et se préparent pour leur voyage en train vers Bruxelles. Elles ont hâte de découvrir ensemble la gastronomie locale, de visiter les sites touristiques et de se promener dans le centre-ville. Elles ont également prévu quelques bistrots réputés pour prendre quelques cafés et bières en terrasse, profitant de la belle météo estivale pour regarder les passants en papotant.

Après avoir pris un rapide petit déjeuner avec Amandine et Victor, les deux amies se rendent à la gare et grimpent dans le train qui les emmène à Bruxelles. Elles sont assez fatiguées de leurs voyages et pérégrinations, mais toutes excitées à l'idée de découvrir une nouvelle ville, et elles passent le voyage à discuter et

shredded coconut. Amandine and Victor prepare the meal while Clara and Céline pack their bags. Then they spend the evening cooking and chatting around the table, sharing their latest impressions of their day and their lives in general. Clara is feeling a little more at ease with her new friends, and can't help but mention her and Adam's budding relationship. Of course, nothing is certain. But talking about it around her makes her feelings more concrete, and that warms her heart.

The next morning, Clara and Céline wake up at the crack of dawn and get ready for their train journey to Brussels. They're looking forward to discovering the local gastronomy together, visiting the sights and strolling through the city center. They've also planned to visit a number of well-known bistros to enjoy a few coffees and beers on the terrace, taking advantage of the fine summer weather to watch passers-by as they chat.

After a quick breakfast with Amandine and Victor, the two friends make their way to the station and board the train to Brussels. Quite tired from their travels and wonderings, but all excited at the prospect of discovering a new city, they spend the journey chatting and watching the scenery go by behind

à regarder le paysage défiler derrière la vitre.

Arrivées à Bruxelles, Clara et Céline prennent un bus jusqu'à leur hôtel, dans le centre-ville, et se mettent immédiatement en quête d'un café pour atterrir, manger un morceau et regarder la ville et les passants.

the window.

Arriving in Brussels, Clara and Céline take a bus to their hotel in the city center, and immediately set off in search of a café where they can land, grab a bite to eat and watch the city and its passers-by.

Questions (Chapitre 4)

1. Comment Clara prépare-t-elle le petit déjeuner chaque matin ?
a) Elle fait des crêpes
b) Elle va chercher des croissants et des pains au chocolat à la boulangerie
c) Elle prépare des œufs brouillés
d) Elle cuisine des pancakes maison

2. Comment les amis décident-ils de se rendre au quartier latin ?
a) En taxi
b) À pied
c) En métro
d) En bus

3. Quelle est la fonction principale des passages couverts de Paris dès leur conception ?
a) Offrir un refuge aux artistes et intellectuels
b) Protéger les promeneurs des intempéries
c) Servir de lieu de débats sur des sujets de société
d) Promouvoir des expositions d'art contemporain

4. Quel est le dernier arrêt du petit groupe pendant leur journée de découverte à Paris ?
a) La tour Eiffel
b) Le Louvre
c) L'Arc de Triomphe
d) Le Palais de Tokyo

5. Que prévoient Clara et Céline de faire une fois arrivées à Bruxelles ?
a) Découvrir la gastronomie locale et

Questions (Chapter 4)

1. How does Clara prepare breakfast each morning?
a) She cooks crepes
b) She goes to the bakery to get croissants and pain au chocolat
c) She makes scrambled eggs
d) She cooks homemade pancakes

2. How do the friends decide to go to the Latin Quarter?
a) By taxi
b) On foot
c) By metro
d) By bus

3. What is the main function of the covered passages in Paris from their conception?
a) To offer a refuge for artists and intellectuals
b) To protect pedestrians from the weather
c) To serve as a venue for debates on social issues
d) To promote contemporary art exhibitions

4. What is the last stop for the group during their day of discovery in Paris?
a) The Eiffel Tower
b) The Louvre
c) The Arc de Triomphe
d) The Palais de Tokyo

5. What do Clara and Céline plan to do once they arrive in Brussels?
a) Discover the local gastronomy and

se promener dans le centre-ville stroll through the city center
b) Visiter des musées renommés b) Visit renowned museums
c) Faire du shopping dans les rues c) Go shopping in the shopping
commerçantes streets
d) Participer à des excursions en d) Participate in outdoor excursions
plein air dans les environs de la ville in the outskirts of the city

5. Le séjour à Bruxelles

Le soleil chauffe agréablement les visages fatigués des deux jeunes femmes. Posées en terrasse, elles contemplent les **passants**, sans rien dire. L'été n'aura pas été de tout **repos**, mais c'est très bien comme ça. Elles sont toutes les deux déjà un peu nostalgiques, car elles savent que ce petit séjour à Bruxelles **signe** la fin de leurs vacances. En rentrant à Lyon, il va falloir reprendre la vie quotidienne : **recherche d'un emploi** pour Céline, reprise de son tutorat pour Clara, et très vite, reprise des cours.

Plutôt que de parler de tout cela, elles préfèrent ne rien dire pendant quelques minutes. Puis, Clara sort un livre de son sac. Céline fait de même. **Bientôt**, elles sont toutes les deux absorbées dans leurs **lectures** et oublient le temps qui passe, les vacances, les passants. C'est le serveur qui les réveille de leur **torpeur** littéraire en leur apportant la note. Clara insiste pour payer : « ah, non, c'est pour moi ! » Puis elles se décident pour aller faire un tour à pied dans le centre-ville, découvrir l'architecture, les boutiques, l'**ambiance** de la ville.

Clara trouve les Belges très **souriants**. C'est vrai que les Belges ont bonne réputation, auprès des Français : on dit qu'ils sont positifs et pleins d'humour. Clara fait aussi l'expérience de l'accent belge ! Et d'un vocabulaire légèrement

différent. Mais **globalement**, c'est quand même du français. Céline explique qu'en Belgique, on ne parle pas seulement français : on parle aussi **flamand**, un dialecte néerlandais, germanique, très différent du français. Clara ignorait cela. En se promenant en ville, elle comprend vite quelles sont les spécialités belges : la bière, les **moules**, les frites, le chocolat ! Comme elle n'a jamais goûté les moules et qu'elle a un peu faim, elle insiste pour qu'elles trouvent un restaurant rapidement.

Passant (m) (nom commun) : passerby
Repos (m) (nom commun) : rest, break
Signer (verbe) : to mark (in this context)
Recherche d'emploi (f) (nom commun) : job search, job hunting
Bientôt (adverbe) : soon
Lecture (f) (nom commun) : reading
Torpeur (f) (nom commun) : sleepiness, torpor
Ambiance (f) (nom commun) : atmosphere
Souriant (adjectif) : smiley, cheerful, happy
Globalement (adverbe) : generally, overall, on the whole
Flamand (adjectif) : Flemish
Moule (f) (nom commun) : mussel

Elles trouvent une terrasse bien remplie avec une table **libre** pour deux personnes. **C'est bon signe**, une terrasse remplie. Le menu est **alléchant** et elles s'installent. Très vite le serveur s'approche d'elles et leur propose le plat du jour. Mais Clara est décidée : c'est moules-frites pour elle, et Céline l'accompagne. Le plat leur est servi quelques minutes après, gigantesque, avec un plat vide pour les **coques** des moules. Ça sent bon le vin, le beurre, l'ail et le persil... Les filles dégustent chaque **bouchée** avec délice en discutant de leurs projets pour le reste de la journée.

Après leur repas, Clara et Céline décident de poursuivre leur découverte de la ville en visitant quelques sites touristiques. Elles se rendent à la Grand-Place, admirant les magnifiques **bâtiments** historiques qui l'entourent, et visitent également la cathédrale Notre-Dame de Bruxelles. **En fin d'après-midi**, elles décident de s'installer à une terrasse de café pour profiter encore de la chaleur estivale et de l'ambiance animée de la ville. Elles passent encore du temps dans leurs livres, et aussi sur leurs téléphones, à écrire et envoyer des photos à leurs familles, amis et **chéris** respectifs. Christophe appelle Céline **en vitesse**, et pendant leur conversation, il lui rappelle que Bruxelles est le **siège** du parlement européen : ce serait sûrement très intéressant d'aller

visiter, si c'est ouvert aux touristes.

Clara fait une rapide recherche sur Internet : **tout à fait**, on peut visiter ! Super. Elle réserve deux places pour le lendemain en début d'après-midi, avec un **guide conférencier**. Cette perspective la ravit. Le soir venu, Clara et Céline repassent par leur chambre d'hôtel. Elles prennent une petite douche, se changent et se préparent pour la soirée. Elles ont envie de découvrir un peu de la vie nocturne bruxelloise dont on leur a dit beaucoup de bien.

Libre (adjectif) : free, unoccupied, available
C'est bon signe (expression) : it's a good sign
Alléchant (adjectif) : attractive, tempting
Coque (f) (nom commun) : shell, hull, husk
Bouchée (f) (nom commun) : mouthful
Bâtiment (m) (nom commun) : building
En fin d'après-midi (expression) : at the end of the afternoon
Chéri (m) (nom commun) : loved one
En vitesse (locution adverbe) : quickly, fast
Siège (m) (nom commun) : headquarters (in this context)
Tout à fait (locution adverbiale) : absolutely, definitely
Guide conférencier (m) (nom commun) : tour guide

À la suite d'une nouvelle longue promenade dans le centre, pendant laquelle elles passent devant le célèbre Manneken-Pis, un **mur** peint de Tintin et Milou, et de nombreuses boutiques de chocolat alléchantes, elles trouvent un bar plutôt **branché** et très animé dans lequel elles décident d'entrer pour quelques bières. Très vite, elles rencontrent les jeunes gens des tables à côté et se laissent emporter par la bonne humeur ambiante, goûtant différentes bières locales. Elles ignoraient toutes les deux que la bière pouvait être aussi intéressante ! **Rien à voir** avec la bière sans grand intérêt qu'on trouve en général dans les supermarchés. Bientôt, elles ne se rendent plus compte qu'elles boivent peut-être un peu trop, et se retrouvent très **éméchées** quelques heures plus tard... « Il est peut-être temps de rentrer à l'hôtel, » dit Clara, avec un petit hoquet. Céline **acquiesce**, en riant. C'est finalement en **titubant** légèrement qu'elles rentrent, riant et chantant, peinant un peu à trouver leur chemin. Elles sont étourdies en arrivant, cherchent la clef de la chambre en **gloussant**, se lavent les dents dans un élan de sagesse et puis s'effondrent sur leurs lits, épuisées mais heureuses.

Le lendemain matin, elles se réveillent avec un léger mal de tête et réalisent

avec **étonnement** qu'elles ont un peu trop fêté la veille. Elles rient de bon cœur, se moquant l'une de l'autre, et se demandant si elles **se souviennent** de tout, si elles n'ont pas dit trop d'**âneries**, si elles ont échangé leurs contacts avec les personnes rencontrées la veille. Apparemment, elles n'ont pas fait de bêtises, elles s'en sortent juste avec une légère **gueule de bois** ! Rien de bien grave, et elles se préparent rapidement pour prendre un café et un croissant à l'extérieur, afin d'être en forme et à l'heure pour la visite du parlement européen. Elles se promettent de ne pas aller au bar ce soir. Pas de bêtises : au lit tôt, et le lendemain, marché aux puces et musée de la bande-dessinée !

À la suite de (locution adverbe) : after [sth], following [sth]
Mur (m) (nom commun) : wall, brick wall
Branché (adjectif) : trendy, cool
Rien à voir (expression) : nothing to do with
Éméché (adjectif) : merry, tipsy
Acquiescer (verbe) : to agree, to assent
Tituber (verbe) : to stumble, to reel
Glousser (verbe) : to chuckle, to giggle (in this context)
Étonnement (m) (nom commun) : astonishment, surprise
Se souvenir (verbe pronominal) : to remember
Ânerie (f) (nom commun) : nonsense, silliness
Gueule de bois (f) (nom commun) : hangover

Questions (Chapitre 5)

1. Que font Clara et Céline en terrasse ? (Plusieurs réponses possibles)
a) Elles discutent de leurs projets futurs
b) Elles observent les passants sans rien dire
c) Elles planifient leur prochaine destination de voyage
d) Elles lisent des livres

2. Quelle est l'impression de Clara sur les Belges ?
a) Ils sont timides et réservés
b) Ils sont négatifs et peu accueillants
c) Ils sont souriants et plein d'humour
d) Ils sont distants et peu communicatifs

3. Quel plat choisissent Clara et Céline au restaurant ?
a) Des moules-frites
b) Du poisson grillé
c) Une salade César
d) Une pizza margherita

4. Où est-ce que Clara et Céline décident de se rendre après leur repas ?
a) Au musée des beaux-arts
b) À la Grand-Place
c) Au parc de Bruxelles
d) À la galerie d'art moderne

5. Que font Clara et Céline après leur promenade dans le centre de Bruxelles ?
a) Elles rentrent directement à l'hôtel
b) Elles décident d'explorer les boutiques de chocolat
c) Elles entrent dans un bar pour déguster quelques bières locales
d) Elles partent à la recherche du Manneken-Pis

5. Le séjour à Bruxelles

Le soleil chauffe agréablement les visages fatigués des deux jeunes femmes. Posées en terrasse, elles contemplent les passants, sans rien dire. L'été n'aura pas été de tout repos, mais c'est très bien comme ça. Elles sont toutes les deux déjà un peu nostalgiques, car elles savent que ce petit séjour à Bruxelles signe la fin de leurs vacances. En rentrant à Lyon, il va falloir reprendre la vie quotidienne : recherche d'un emploi pour Céline, reprise de son tutorat pour Clara, et très vite, reprise des cours.

Plutôt que de parler de tout cela, elles préfèrent ne rien dire pendant quelques minutes. Puis, Clara sort un livre de son sac. Céline fait de même. Bientôt, elles sont toutes les deux absorbées dans leurs lectures et oublient le temps qui passe, les vacances, les passants. C'est le serveur qui les réveille de leur torpeur littéraire en leur apportant la note. Clara insiste pour payer : « ah, non, c'est pour moi ! » Puis elles se décident pour aller faire un tour à pied dans le centre-ville, découvrir l'architecture, les boutiques, l'ambiance de la ville.

Clara trouve les Belges très souriants. C'est vrai que les Belges ont bonne réputation, auprès des Français : on dit qu'ils sont positifs et pleins d'humour. Clara fait aussi l'expérience de l'accent belge ! Et d'un

5. Staying in Brussels

The sun warms the tired faces of the two young women. Sitting on the terrace, they gaze at passers-by without saying a word. It hasn't been an easy summer, but that's fine. They're both already a little nostalgic, as they know that this little trip to Brussels marks the end of their vacation. When they get back to Lyon, they'll have to get back to everyday life: looking for a job for Céline, resuming her tutoring for Clara, and very soon, resuming classes.

Rather than talk about all this, they prefer not to say anything for a few minutes. Then Clara takes a book out of her bag. Céline does the same. Soon, they're both absorbed in their reading, oblivious to the passing of time, vacations and passers-by. The waiter wakes them from their literary sluggishness by bringing them the bill. Clara insists on paying: "Oh, no, it's on me! Then they decide to go for a walk downtown, to discover the architecture, the stores, the atmosphere of the city.

Clara finds Belgians very smiley. It's true that Belgians have a good reputation with the French: they're said to be positive and full of humor. Clara is also experiencing a Belgian accent! And a slightly different

vocabulaire légèrement différent. Mais globalement, c'est quand même du français. Céline explique qu'en Belgique, on ne parle pas seulement français : on parle aussi flamand, un dialecte néerlandais, germanique, très différent du français. Clara ignorait cela. En se promenant en ville, elle comprend vite quelles sont les spécialités belges : la bière, les moules, les frites, le chocolat ! Comme elle n'a jamais goûté les moules et qu'elle a un peu faim, elle insiste pour qu'elles trouvent un restaurant rapidement.

Elles trouvent une terrasse bien remplie avec une table libre pour deux personnes. C'est bon signe, une terrasse remplie. Le menu est alléchant et elles s'installent. Très vite le serveur s'approche d'elles et leur propose le plat du jour. Mais Clara est décidée : c'est moules-frites pour elle, et Céline l'accompagne. Le plat leur est servi quelques minutes après, gigantesque, avec un plat vide pour les coques des moules. Ça sent bon le vin, le beurre, l'ail et le persil... Les filles dégustent chaque bouchée avec délice en discutant de leurs projets pour le reste de la journée.

Après leur repas, Clara et Céline décident de poursuivre leur découverte de la ville en visitant quelques sites touristiques. Elles se rendent à la Grand-Place, admirant les magnifiques bâtiments historiques qui l'entourent, et visitent

vocabulary. But on the whole, it's still French. Céline explains that in Belgium, people don't just speak French: they also speak Flemish, a Dutch, Germanic dialect, very different from French. Clara was unaware of this. As she wandered around town, she quickly realized what the Belgian specialties were: beer, mussels, French fries and chocolate! As she had never tasted mussels and was a little hungry, she insisted they find a restaurant quickly.

They find a well-stocked terrace with an empty table for two. A full terrace is a good sign. The menu is tempting and they sit down. The waiter soon approaches them and offers them the dish of the day. But Clara has made up her mind: it's mussels and French fries for her, and Céline accompanies her. The dish is served a few minutes later, gigantic and with an empty dish for the mussel shells. It smells of wine, butter, garlic and parsley... The girls enjoy every mouthful, discussing their plans for the rest of the day.

After their meal, Clara and Céline decided to continue their discovery of the city by visiting a few tourist sites. They make their way to the Grand-Place, admiring the magnificent historic buildings that surround it, and also visit the Notre-Dame de

également la cathédrale Notre-Dame de Bruxelles. En fin d'après-midi, elles décident de s'installer à une terrasse de café pour profiter encore de la chaleur estivale et de l'ambiance animée de la ville. Elles passent encore du temps dans leurs livres, et aussi sur leurs téléphones, à écrire et envoyer des photos à leurs familles, amis et chéris respectifs. Christophe appelle Céline en vitesse, et pendant leur conversation, il lui rappelle que Bruxelles est le siège du parlement européen : ce serait sûrement très intéressant d'aller visiter, si c'est ouvert aux touristes.

Clara fait une rapide recherche sur Internet : tout à fait, on peut visiter ! Super. Elle réserve deux places pour le lendemain en début d'après-midi, avec un guide conférencier. Cette perspective la ravit. Le soir venu, Clara et Céline repassent par leur chambre d'hôtel. Elles prennent une petite douche, se changent et se préparent pour la soirée. Elles ont envie de découvrir un peu de la vie nocturne bruxelloise dont on leur a dit beaucoup de bien.

À la suite d'une nouvelle longue promenade dans le centre, pendant laquelle elles passent devant le célèbre Manneken-Pis, un mur peint de Tintin et Milou, et de nombreuses boutiques de chocolat alléchantes, elles trouvent un bar plutôt branché et très animé dans lequel elles décident d'entrer pour quelques bières. Très

Bruxelles cathedral. At the end of the afternoon, they decide to settle down at a café terrace to enjoy the summer heat and the lively atmosphere of the city. They spend more time in their books, and also on their phones, writing and sending photos to their respective families, friends and darlings. Christophe calls Céline in a hurry, and during their conversation, he reminds her that Brussels is the seat of the European Parliament: it would certainly be very interesting to visit, if it's open to tourists.

Clara does a quick Internet search: yes, you can visit! Great! She books two tickets for the next day, in the early afternoon, with a tour guide. The prospect delights her. In the evening, Clara and Céline return to their hotel room. They shower, change and get ready for the evening. They're keen to discover a bit of the Brussels nightlife they've heard so much about.

Following another long walk through the center, during which they passed the famous Manneken-Pis, a painted wall of Tintin and Snowy, and many tempting chocolate stores, they found a rather hip and lively bar which they decided to enter for a few beers. They soon met the young people at the tables next to them,

vite, elles rencontrent les jeunes gens des tables à côté et se laissent emporter par la bonne humeur ambiante, goûtant différentes bières locales. Elles ignoraient toutes les deux que la bière pouvait être aussi intéressante ! Rien à voir avec la bière sans grand intérêt qu'on trouve en général dans les supermarchés. Bientôt, elles ne se rendent plus compte qu'elles boivent peut-être un peu trop, et se retrouvent très éméchées quelques heures plus tard... « Il est peut-être temps de rentrer à l'hôtel, » dit Clara, avec un petit hoquet. Céline acquiesce, en riant. C'est finalement en titubant légèrement qu'elles rentrent, riant et chantant, peinant un peu à trouver leur chemin. Elles sont étourdies en arrivant, cherchent la clef de la chambre en gloussant, se lavent les dents dans un élan de sagesse et puis s'effondrent sur leurs lits, épuisées mais heureuses.

Le lendemain matin, elles se réveillent avec un léger mal de tête et réalisent avec étonnement qu'elles ont un peu trop fêté la veille. Elles rient de bon cœur, se moquant l'une de l'autre, et se demandant si elles se souviennent de tout, si elles n'ont pas dit trop d'âneries, si elles ont échangé leurs contacts avec les personnes rencontrées la veille. Apparemment, elles n'ont pas fait de bêtises, elles s'en sortent juste avec une légère gueule de bois ! Rien de bien grave, et elles se préparent rapidement pour prendre

and were carried away by the good mood, sampling various local beers. Little did they know that beer could be so interesting! Nothing like the uninteresting beer usually found in supermarkets. Soon, they no longer realize that they may be drinking a little too much, and find themselves very tipsy a few hours later... "Maybe it's time to go back to the hotel," says Clara, with a little hiccup. Céline nods, laughing. In the end, they stagger home, laughing and singing, struggling a little to find their way. They arrive in a daze, search for the room key with a giggle, brush their teeth in a fit of wisdom and then collapse on their beds, exhausted but happy.

The next morning, they wake up with a slight headache and realize to their amazement that they've celebrated a little too much the night before. They laugh heartily, making fun of each other and wondering if they remember everything, if they've said too much nonsense, if they've exchanged contacts with the people they met the day before. Apparently, they didn't do anything stupid, just got off with a slight hangover! Nothing too serious, though, and they quickly get ready for a coffee

un café et un croissant à l'extérieur, afin d'être en forme et à l'heure pour la visite du parlement européen. Elles se promettent de ne pas aller au bar ce soir. Pas de bêtises : au lit tôt, et le lendemain, marché aux puces et musée de la bande-dessinée !

and croissant outside, so as to be fit and on time for their visit to the European Parliament. They promise themselves they won't go to the bar tonight. No nonsense: bed early, and the next day, flea market and comic strip museum!

Questions (Chapitre 5)

1. Que font Clara et Céline en terrasse ? (Plusieurs réponses possibles)
a) Elles discutent de leurs projets futurs
b) Elles observent les passants sans rien dire
c) Elles planifient leur prochaine destination de voyage
d) Elles lisent des livres

2. Quelle est l'impression de Clara sur les Belges ?
a) Ils sont timides et réservés
b) Ils sont négatifs et peu accueillants
c) Ils sont souriants et plein d'humour
d) Ils sont distants et peu communicatifs

3. Quel plat choisissent Clara et Céline au restaurant ?
a) Des moules-frites
b) Du poisson grillé
c) Une salade César
d) Une pizza margherita

4. Où est-ce que Clara et Céline décident de se rendre après leur repas ?
a) Au musée des beaux-arts
b) À la Grand-Place
c) Au parc de Bruxelles
d) À la galerie d'art moderne

5. Que font Clara et Céline après leur promenade dans le centre de Bruxelles ?

Questions (Chapter 5)

1. What are Clara and Céline doing on the terrace? (Several answers possible)
a) They discuss their future plans
b) They observe passersby without saying anything
c) They plan their next travel destination
d) They read books

2. What is Clara's impression of the Belgians?
a) They are shy and reserved
b) They are negative and unwelcoming
c) They are smiling and humorous
d) They are distant and uncommunicative

3. Which dish do Clara and Céline choose at the restaurant?
a) Moules-frites (mussels and fries)
b) Grilled fish
c) Caesar salad
d) Margherita pizza

4. Where do Clara and Céline decide to go after their meal?
a) To the Museum of Fine Arts
b) To the Grand-Place
c) To Brussels Park
d) To the modern art gallery

5. What do Clara and Céline do after their walk in the center of Brussels?

a) Elles rentrent directement à l'hôtel
b) Elles décident d'explorer les boutiques de chocolat
c) Elles entrent dans un bar pour déguster quelques bières locales
d) Elles partent à la recherche du Manneken-Pis

a) They go straight back to the hotel
b) They decide to explore chocolate shops
c) They enter a bar to taste some local beers
d) They set out to find the Manneken-Pis

6. Visite du parlement et de la ville

Les filles se rendent dans un nouveau café à l'ambiance un peu hipster : café torréfié sur place et musique jazzy, banquettes confortables **à l'intérieur** comme **à l'extérieur**. Elles s'installent au soleil et dégustent un café, puis un autre, avec un jus d'oranges pressées et un litre d'eau chacune. L'hydratation comme cure pour cette petite gueule de bois ! Clara commande un bol de céréales **détox** aux **agrumes** et aux **fruits secs**, et Céline demande un pain au chocolat et un chausson aux pommes. C'est moins diététique, c'est plus copieux, mais elle **meurt** littéralement **de faim** !

Après une bonne heure à papoter et à regarder les passants, elles se décident enfin à prendre la direction du **parlement** européen. Elles envisagent d'abord les **transports en commun** puis se rendent compte que le trajet depuis la Grand-Place n'est que de trente minutes à pied. Elles se décident donc pour la promenade ! Elles ont le temps et elles ont envie de marcher.

La ville est vraiment belle. Elles admirent les bâtiments, les jolies rues, les places mais aussi les parcs. Le Parc de Bruxelles, sur leur chemin, est une vraie **bouffée d'air** dans la ville. Clara se dit qu'elle pourrait habiter ici sans aucun problème ; mais Céline lui rappelle que c'est un peu plus au nord… « C'est sympa en été, » dit-elle, « mais en hiver, il fait humide et froid, et les

nuits sont longues ! » **Vu sous cet angle**-là, c'est un peu moins tentant.

Arrivées au parlement, elles cherchent l'entrée et trouvent l'**accueil**. Elles tendent les billets électroniques achetés la veille sur Internet, et l'employé de l'accueil leur indique l'endroit où attendre le guide qui va leur faire la visite du bâtiment. Elles s'installent sur un **fauteuil** et observent les lieux avec étonnement : c'est grand et moderne, lumineux et **imposant**. Clara réalise qu'elle est au cœur de l'Europe – enfin, de l'Union européenne. Elle lit des informations sur la création de l'Union européenne sur son téléphone lorsque le guide arrive, avec deux jeunes hommes de leur âge.

À l'intérieur (locution adverbiale) : inside, indoors
À l'extérieur (locution adverbiale) : outside, outdoors
Détox (adjectif) : detox
Agrume (m) (nom commun) : citrus fruit
Fruit sec (m) (nom commun) : dried fruit
Mourir de faim (locution verbale) : to be starving
Parlement (m) (nom commun) : parliament
Transports en commun (m, pl) (nom commun) : public transportation
Bouffée d'air (f) (nom commun) : breath of fresh air
Vu sous cet angle (expression) : seen from this angle
Accueil (m) (nom commun) : reception, front desk
Fauteuil (m) (nom commun) : seat, armchair
Imposant (adjectif) : impressive, imposing

La visite commence : le guide, charmant et souriant, raconte la création de l'Union européenne, son histoire, ses **péripéties**, puis son rôle et son évolution. Il répond à toutes les questions, et Clara apprend beaucoup de choses. Elle comprend que l'Europe est un sujet de grande importance ici, et en France. La visite se poursuit dans l'**hémicycle** du parlement européen. Les filles imaginent les femmes et les hommes politiques discuter des projets de loi ici pendant des heures.

Tout est passionnant. Clara prend de nombreuses photos. Quand la visite est terminée, elles **s'apprêtent** à partir, mais les deux autres visiteurs leur proposent un verre en sortant, pour discuter. Elles acceptent avec plaisir, se promettant entre elles de ne pas boire d'alcool. Ils décident de prendre un autre chemin pour rentrer. Passant vers le nord, ils découvrent de nouveaux quartiers tout en faisant connaissance. Les deux jeunes hommes, Olivier et Eloi, sont français, ils viennent de Brest, en Bretagne, mais ils **font** leurs

études à Bordeaux. Comme elles, ils ont décidé de partir visiter la capitale belge pendant leurs vacances. Ils sont **décidément** très sympathiques et pleins d'humour. La promenade **amène** le petit groupe de nouveaux amis vers le centre belge de la **bande dessinée**, que les filles ont prévu de visiter le lendemain. Puis, plus loin, marchant **sans but**, ils arrivent au jardin botanique de Bruxelles. Ils décident de s'y promener.

Enfin, quand ils ont bien marché, chacun commence à avoir un peu faim. Le projet de boire un verre **se métamorphose** en projet de restaurant. Après longue discussion, ils **optent pour** un restaurant simple : burger ou pizza, ce qu'ils trouveront d'alléchant sur leur chemin en retournant vers le centre-ville. Céline est un peu déçue, elle aurait préféré du poisson, mais elle sourit. Clara est au contraire très enthousiaste car elle se sent **affamée**. Elle est même un peu surprise du manque d'appétit apparent de Céline.

« Ce n'est pas le **manque d'appétit**, j'ai faim, tu sais, explique-t-elle. Mais, c'est juste que la viande... Bon, j'en avais moins envie, mais ça va, t'en fais pas !

- Tu adores la viande d'habitude ! s'étonne Clara.

- Oui, oh, tu sais... répond Céline, visiblement gênée. Je n'ai pas prévu de changer, mais Christophe vient de m'annoncer qu'il va **devenir** végétarien, alors je pense qu'il faut que je m'habitue.

- Ah, je me doutais qu'il y avait quelque chose, dit Clara en riant. Enfin c'est son choix, pas le tien ! »

Péripétie (f) (nom commun) : incident, event, ups and downs
Hémicycle (m) (nom commun) : auditorium, semicircle
S'apprêter (verbe pronominal) : to get ready
Faire des études (locution verbale) : to study
Décidément (adverbe) : really, truly, decisively
Amener (verbe) : to take
Bande dessinée (f) (nom commun) : comic book, comic
Sans but (locution adverbiale) : aimlessly, randomly
Se métamorphoser (verbe pronominal) : to transform, to change
Opter pour (verbe) : to opt for
Affamé (adjectif) : hungry, starving
Manque d'appétit (m) (nom commun) : lack of appetite
Devenir (verbe) : to become

Céline le sait bien, elle n'est pas censée changer son alimentation **en fonction de** son copain. Mais elle est assez **admirative** de ce choix, et elle voudrait y réfléchir aussi. Elle se réserve le temps d'y penser et d'en parler autour d'elle pour voir si elle décide de **tenter** d'accompagner Christophe dans sa décision.

Sur le chemin, pendant qu'elles discutaient, Olivier et Eloi ont repéré un restaurant de burger qui a l'air parfait : buns faits maison, viande locale, légumes de saison. Comfort-food et éthique **en même temps**. Ils s'installent à l'intérieur, commandent chacun un burger avec des **frites** et une bière pour accompagner le tout. Céline décide de commander le burger végan. Clara sourit en la voyant faire. Mais au milieu du repas, Céline ne résiste pas à l'envie de goûter dans l'assiette de son amie. « C'est bon, » dit-elle, « mais c'est pas pareil ! » Clara lui rappelle qu'on ne change pas d'alimentation comme de **chemise** : c'est le résultat d'une **réflexion**, un projet.

Tout en mangeant, les quatre compagnons discutent de leur journée du **lendemain**. C'est la dernière journée pour les filles, et elles voudraient aller au musée de la bande-dessinée. Les garçons décident de les accompagner. Le **rendez-vous** est fixé pour le petit-déjeuner ! Le repas se passe **agréablement**, et, pour finir, ils échangent leurs coordonnées pour **rester en contact** et se retrouver plus facilement le lendemain. Céline regarde sa montre et réalise qu'il est déjà l'heure de rentrer. Les filles paient l'addition et sortent du restaurant. Elles sont déjà un peu éméchées par la bière... Elles rient en se disant qu'il était temps de partir ! Elles marchent en riant jusqu'à l'hôtel, et Clara se dit que c'était vraiment une belle journée. Elles arrivent finalement à l'hôtel, et se couchent tôt, fatiguées mais heureuses.

En fonction de (locution prépositionnelle) : according to, depending on
Admiratif (adjectif) : admiring, impressed
Tenter (verbe) : to try, to attempt
En même temps (locution adverbiale) : at the same time
Frite (f) (nom commun) : fry, French fry
Chemise (f) (nom commun) : shirt
Réflexion (f) (nom commun) : thought, reflection
Lendemain (m) (nom commun) : tomorrow
Rendez-vous (m) (nom commun) : appointment, meeting
Agréablement (adverbe) : nicely, pleasantly
Rester en contact (locution verbale) : to keep in touch

Questions (Chapitre 6)

1. Qu'est-ce que Clara commande pour le petit déjeuner au café ?
a) Un bol de céréales détox aux agrumes et aux fruits secs
b) Un croissant au beurre
c) Des pancakes avec du sirop d'érable
d) Une omelette avec des légumes frais

2. Comment les filles décident-elles de se rendre au parlement européen ?
a) En voiture
b) En métro
c) En bus
d) À pied

3. Qui sont Olivier et Eloi ?
a) Deux serveurs du restaurant
b) Deux guides touristiques
c) Deux jeunes hommes français rencontrés lors de la visite du parlement européen
d) Deux artistes de rue

4. Qu'est-ce qu'Olivier et Eloi proposent à Clara et Céline de faire après avoir visité le parlement européen ?
a) Ils proposent de prendre un verre pour discuter
b) Ils proposent de faire une nouvelle visite touristique
c) Ils proposent de retourner à l'hôtel pour se reposer
d) Ils proposent d'explorer les quartiers résidentiels de Bruxelles

5. Quel projet les filles envisagent-elles pour leur dernière journée à Bruxelles ?
a) Aller faire du shopping
b) Visiter le musée de la bande-dessinée
c) Faire une excursion en montagne
d) Participer à une dégustation de chocolat

6. Visite du parlement et de la ville

Les filles se rendent dans un nouveau café à l'ambiance un peu hipster : café torréfié sur place et musique jazzy, banquettes confortables à l'intérieur comme à l'extérieur. Elles s'installent au soleil et dégustent un café, puis un autre, avec un jus d'oranges pressées et un litre d'eau chacune. L'hydratation comme cure pour cette petite gueule de bois ! Clara commande un bol de céréales détox aux agrumes et aux fruits secs, et Céline demande un pain au chocolat et un chausson aux pommes. C'est moins diététique, c'est plus copieux, mais elle meurt littéralement de faim !

Après une bonne heure à papoter et à regarder les passants, elles se décident enfin à prendre la direction du parlement européen. Elles envisagent d'abord les transports en commun puis se rendent compte que le trajet depuis la Grand-Place n'est que de trente minutes à pied. Elles se décident donc pour la promenade ! Elles ont le temps et elles ont envie de marcher.

La ville est vraiment belle. Elles admirent les bâtiments, les jolies rues, les places mais aussi les parcs. Le Parc de Bruxelles, sur leur chemin, est une vraie bouffée d'air dans la ville. Clara se dit qu'elle pourrait habiter ici sans aucun problème ; mais Céline lui rappelle que c'est un

6. Parliament and city tour

The girls head off to a new café with a slightly hipster feel: coffee roasted on site and jazzy music, comfortable benches inside and out. They sit in the sunshine and enjoy a coffee, then another, with a squeezed orange juice and a liter of water each. Hydration as a cure for that little hangover! Clara orders a bowl of detox cereal with citrus and dried fruit, and Céline asks for a pain au chocolat and an apple turnover. It's less dietary, it's heartier, but she's literally starving!

After a good hour chatting and looking at passers-by, they finally decide to head for the European Parliament. At first, they considered taking public transport, but then realized that it was only a thirty-minute walk from the Grand-Place. So they decided to go for a walk! They've got the time and they want to walk.

The city is really beautiful. They admire the buildings, the pretty streets, the squares and also the parks. Parc de Bruxelles, on the way, is a real breath of fresh air in the city. Clara thinks she could live here without any problem, but Céline reminds her that it's a little further

peu plus au nord… « C'est sympa en été, » dit-elle, « mais en hiver, il fait humide et froid, et les nuits sont longues ! » Vu sous cet angle-là, c'est un peu moins tentant.

Arrivées au parlement, elles cherchent l'entrée et trouvent l'accueil. Elles tendent les billets électroniques achetés la veille sur Internet, et l'employé de l'accueil leur indique l'endroit où attendre le guide qui va leur faire la visite du bâtiment. Elles s'installent sur un fauteuil et observent les lieux avec étonnement : c'est grand et moderne, lumineux et imposant. Clara réalise qu'elle est au cœur de l'Europe – enfin, de l'Union européenne. Elle lit des informations sur la création de l'Union européenne sur son téléphone lorsque le guide arrive, avec deux jeunes hommes de leur âge.

La visite commence : le guide, charmant et souriant, raconte la création de l'Union européenne, son histoire, ses péripéties, puis son rôle et son évolution. Il répond à toutes les questions, et Clara apprend beaucoup de choses. Elle comprend que l'Europe est un sujet de grande importance ici, et en France. La visite se poursuit dans l'hémicycle du parlement européen. Les filles imaginent les femmes et les hommes politiques discuter des projets de loi ici pendant des heures.

Tout est passionnant. Clara prend

north… "It's nice in summer," she says, "but in winter, it's wet and cold, and the nights are long!" seen from that angle, it's a little less tempting.

Arriving at the parliament building, they look for the entrance and find the reception desk. They hand over the electronic tickets they'd bought the day before on the Internet, and the receptionist tells them where to wait for the guide who will take them on a tour of the building. They take a seat and look around in amazement: it's big and modern, bright and imposing. Clara realizes that she is in the heart of Europe - well, the European Union. She's reading about the creation of the European Union on her phone when the guide arrives, along with two young men their own age.

The tour begins: the guide, charming and smiling, recounts the creation of the European Union, its history, its adventures, then its role and evolution. He answers every question, and Clara learns a lot. She understands that Europe is a subject of great importance here, and in France. The visit continues in the hemicycle of the European Parliament. The girls imagine politicians discussing bills here for hours on end.

It's all very exciting. Clara takes lots

de nombreuses photos. Quand la visite est terminée, elles s'apprêtent à partir, mais les deux autres visiteurs leur proposent un verre en sortant, pour discuter. Elles acceptent avec plaisir, se promettant entre elles de ne pas boire d'alcool. Ils décident de prendre un autre chemin pour rentrer. Passant vers le nord, ils découvrent de nouveaux quartiers tout en faisant connaissance. Les deux jeunes hommes, Olivier et Eloi, sont français, ils viennent de Brest, en Bretagne, mais ils font leurs études à Bordeaux. Comme elles, ils ont décidé de partir visiter la capitale belge pendant leurs vacances. Ils sont décidément très sympathiques et pleins d'humour. La promenade amène le petit groupe de nouveaux amis vers le centre belge de la bande dessinée, que les filles ont prévu de visiter le lendemain. Puis, plus loin, marchant sans but, ils arrivent au jardin botanique de Bruxelles. Ils décident de s'y promener.

of photos. When the tour is over, they are about to leave, but the other two visitors offer them a drink on the way out, to chat. They gladly accept, promising each other not to drink alcohol. They decide to take a different route home. Heading north, they discover new neighborhoods and get to know each other. The two young men, Olivier and Eloi, are French, from Brest in Brittany, but are studying in Bordeaux. Like them, they have decided to visit the Belgian capital during their vacation. They're definitely very friendly and full of humor. The walk takes the little group of new friends to the Belgian Comic Strip Center, which the girls have planned to visit the next day. Further on, walking aimlessly, they arrive at the Brussels Botanical Gardens. They decide to take a stroll.

Enfin, quand ils ont bien marché, chacun commence à avoir un peu faim. Le projet de boire un verre se métamorphose en projet de restaurant. Après longue discussion, ils optent pour un restaurant simple : burger ou pizza, ce qu'ils trouveront d'alléchant sur leur chemin en retournant vers le centre-ville. Céline est un peu déçue, elle aurait préféré du poisson, mais elle sourit. Clara est au contraire très enthousiaste car elle se sent affamée. Elle est même

Finally, when they've had a good walk, everyone starts to get a little hungry. The plan for a drink turns into a plan for a restaurant. After a long discussion, they decide on a simple restaurant: burger or pizza, whatever they find tempting on their way back to the town center. Céline is a little disappointed; she would have preferred fish, but she smiles. Clara, on the other hand, is very enthusiastic because she's feeling hungry. She's even a little surprised

un peu surprise du manque d'appétit apparent de Céline.

« Ce n'est pas le manque d'appétit, j'ai faim, tu sais, explique-t-elle. Mais, c'est juste que la viande... Bon, j'en avais moins envie, mais ça va, t'en fais pas !

- Tu adores la viande d'habitude ! s'étonne Clara.

- Oui, oh, tu sais... répond Céline, visiblement gênée. Je n'ai pas prévu de changer, mais Christophe vient de m'annoncer qu'il va devenir végétarien, alors je pense qu'il faut que je m'habitue.

- Ah, je me doutais qu'il y avait quelque chose, dit Clara en riant. Enfin c'est son choix, pas le tien ! »

Céline le sait bien, elle n'est pas censée changer son alimentation en fonction de son copain. Mais elle est assez admirative de ce choix, et elle voudrait y réfléchir aussi. Elle se réserve le temps d'y penser et d'en parler autour d'elle pour voir si elle décide de tenter d'accompagner Christophe dans sa décision.

Sur le chemin, pendant qu'elles discutaient, Olivier et Eloi ont repéré un restaurant de burger qui a l'air parfait : buns faits maison, viande locale, légumes de saison. Comfort-food et éthique en même temps. Ils s'installent à l'intérieur, commandent

by Céline's apparent lack of appetite.

"It's not a lack of appetite, I'm hungry, you know, she explains. It's just that meat... Well, I didn't feel like it as much, but that's okay, don't worry!

- You usually love meat! Clara exclaims.

- Yes, oh, you know... replies Céline, visibly embarrassed. I hadn't planned to change, but Christophe has just told me he's going to become a vegetarian, so I guess I'll just have to get used to it.

- Ah, I knew there was something there, Clara laughs. Well, it's his choice, not yours!"

Céline knows that she's not supposed to change her diet to suit her boyfriend. But she's quite admiring of this choice, and she'd like to think about it too. She reserves the time to think about it and to talk about it around her to see if she decides to try to accompany Christophe in his decision.

On the way, while they were chatting, Olivier and Eloi spotted a burger restaurant that looked perfect: homemade buns, local meat, seasonal vegetables. Comfort food and ethical at the same time. They sit down inside, each ordering a burger

chacun un burger avec des frites et une bière pour accompagner le tout. Céline décide de commander le burger végan. Clara sourit en la voyant faire. Mais au milieu du repas, Céline ne résiste pas à l'envie de goûter dans l'assiette de son amie. « C'est bon, » dit-elle, « mais c'est pas pareil ! » Clara lui rappelle qu'on ne change pas d'alimentation comme de chemise : c'est le résultat d'une réflexion, un projet.

Tout en mangeant, les quatre compagnons discutent de leur journée du lendemain. C'est la dernière journée pour les filles, et elles voudraient aller au musée de la bande-dessinée. Les garçons décident de les accompagner. Le rendez-vous est fixé pour le petit-déjeuner ! Le repas se passe agréablement, et, pour finir, ils échangent leurs coordonnées pour rester en contact et se retrouver plus facilement le lendemain. Céline regarde sa montre et réalise qu'il est déjà l'heure de rentrer. Les filles paient l'addition et sortent du restaurant. Elles sont déjà un peu éméchées par la bière... Elles rient en se disant qu'il était temps de partir ! Elles marchent en riant jusqu'à l'hôtel, et Clara se dit que c'était vraiment une belle journée. Elles arrivent finalement à l'hôtel, et se couchent tôt, fatiguées mais heureuses.

with fries and a beer to go with it. Céline decides to order the vegan burger. Clara smiles as she watches. But in the middle of the meal, Céline can't resist tasting from her friend's plate. "It's good," she says, "but it's not the same!" Clara reminds her that changing one's diet is not the same as changing one's shirt: it's the result of reflection, of a project.

As they eat, the four companions discuss their day ahead. It's the last day for the girls, and they'd like to go to the Comic Strip Museum. The boys decide to accompany them. The appointment is made for breakfast! The meal goes smoothly, and they exchange contact details to keep in touch and make it easier to meet up the next day. Céline looks at her and realizes it's already time to go home. The girls pay the bill and leave the restaurant. They're already a little tipsy from the beer... They laugh and tell each other it's time to go! They walk laughing all the way back to the hotel, and Clara says to herself that it really was a beautiful day. They finally arrive at the hotel, and go to bed early, tired but happy.

Questions (Chapitre 6)

1. Qu'est-ce que Clara commande pour le petit déjeuner au café ?
a) Un bol de céréales détox aux agrumes et aux fruits secs
b) Un croissant au beurre
c) Des pancakes avec du sirop d'érable
d) Une omelette avec des légumes frais

2. Comment les filles décident-elles de se rendre au parlement européen ?
a) En voiture
b) En métro
c) En bus
d) À pied

3. Qui sont Olivier et Eloi ?
a) Deux serveurs du restaurant
b) Deux guides touristiques
c) Deux jeunes hommes français rencontrés lors de la visite du parlement européen
d) Deux artistes de rue

4. Qu'est-ce qu'Olivier et Eloi proposent à Clara et Céline de faire après avoir visité le parlement européen ?
a) Ils proposent de prendre un verre pour discuter
b) Ils proposent de faire une nouvelle visite touristique
c) Ils proposent de retourner à l'hôtel pour se reposer
d) Ils proposent d'explorer les quartiers résidentiels de Bruxelles

Questions (Chapter 6)

1. What does Clara order for breakfast at the café?
a) A detox cereal bowl with citrus and dried fruits
b) A butter croissant
c) Pancakes with maple syrup
d) An omelette with fresh vegetables

2. How do the girls decide to get to the European Parliament?
a) By car
b) By metro
c) By bus
d) On foot

3. Who are Olivier and Eloi?
a) Two waiters at the restaurant
b) Two tour guides
c) Two French young men met during the visit of the European Parliament
d) Two street artists

4. What do Olivier and Eloi suggest Clara and Céline do after visiting the European Parliament?
a) They suggest having a drink to chat
b) They suggest taking another sightseeing tour
c) They suggest going back to the hotel to rest
d) They suggest exploring the residential areas of Brussels

5. Quel projet les filles envisagent-elles pour leur dernière journée à Bruxelles ?
a) Aller faire du shopping
b) Visiter le musée de la bande-dessinée
c) Faire une excursion en montagne
d) Participer à une dégustation de chocolat

5. What plan do the girls consider for their last day in Brussels?
a) Go shopping
b) Visit the comic book museum
c) Go on a mountain excursion
d) Attend a chocolate tasting

7. La fin du séjour : musée, cartes postales et souvenirs

Ça y est, c'est le tout dernier jour de cette petite série de voyages : Antibes, Paris, Bruxelles. Lyon, le retour, c'est pour ce soir. Mais le train est tard et Clara et Céline ont toute la journée **devant** elles. Mais il faut faire les valises et descendre rendre la clef de la chambre. Céline est un peu triste de la fin des vacances, mais le plaisir de revoir Christophe très bientôt **efface** ce sentiment. En effet, il avait promis de peut-être les rejoindre, à Antibes, Paris ou Bruxelles ; mais il ne l'a pas fait. Ce voyage était génial, mais un peu long, sans lui !

Clara, de son côté, est de plus en plus **souvent** sur son téléphone. Elle espère vraiment voir Adam bientôt, parce qu'il commence à lui manquer, mais aussi parce qu'elle a peur qu'ils s'oublient avec le temps. Aussi, elle a quelques photos, mais elle a l'impression de l'avoir déjà oublié ! Ils s'envoient tout de même des textos toute la journée, tous les jours. Ils se racontent leurs vies et apprennent à se connaître **de mieux en mieux**. Ils ont le même sens de l'humour, les mêmes goûts musicaux, les mêmes sujets de conversation favoris... **Vivement** la prochaine rencontre.

Bon, mais ça y est : les bagages sont terminés, la chambre rangée, les douches

sont prises. Les filles ont vérifié partout qu'elles n'ont rien oublié : livres, brosses à dent, chargeurs de téléphone, **chaussettes**. Elles prennent leurs valises et **empruntent** les escaliers pour se rendre vers la réception de l'hôtel. Elles rendent les clefs mais demandent si elles peuvent laisser leurs valises quelque part ; l'hôtesse leur indique une **pièce** surveillée où elles peuvent laisser leurs **affaires** personnelles en toute sécurité.

Les mains libres, Clara et Céline se dirigent vers le café où elles ont rendez-vous avec Eloi et Olivier pour le petit-déjeuner. En chemin, Céline taquine Clara :

« Il est mignon, Eloi, non ? lui demande-t-elle.

- Oui, mais enfin tu sais, j'ai quelqu'un d'autre en tête, répond Clara, un peu **agacée**. Pourquoi tu me dis ça ?

- Oh, comme ça. Il te regardait avec insistance hier soir, c'est tout ! » dit **simplement** Céline, en souriant.

> **Ça y est** (expression) : that's it
> **Devant** (préposition) : ahead of (in this context)
> **Effacer** (verbe) : to erase
> **Souvent** (adverbe) : often, frequently
> **De mieux en mieux** (locution adverbiale) : better and better
> **Vivement** (expression) : can't wait for
> **Chaussette** (f) (nom commun) : sock
> **Emprunter** (verbe) : to take (in this context)
> **Pièce** (f) (nom commun) : room (in this context)
> **Affaires** (f, pl) (nom commun) : belongings, possessions
> **Agacé** (adjectif) : annoyed, irritated
> **Simplement** (adverbe) : simply

Clara fait comme si elle n'avait pas relevé ; mais **en réalité**, cette remarque la trouble un peu. Elle n'avait pas remarqué qu'Eloi la regardait. En effet, il est plutôt **canon** Eloi. Et sympa. Mais Clara est dans un début de **quelque chose** avec Adam... Cela la **déstabilise** un peu. Elle essaye de ne pas y penser et elle change de conversation, mais quand elles arrivent au café et qu'elles retrouvent les deux nouveaux amis, elle ne peut s'empêcher de rougir légèrement en faisant la bise à Eloi. Et de sentir son parfum, un **mélange** simple et élégant de **fringues** propres et d'**après-rasage**. Voilà, Clara est à

nouveau troublée par quelqu'un. Elle s'en veut, mais c'est plus fort qu'elle ! Elle en veut surtout à Céline qui a provoqué - sans vraiment le vouloir - cet état de fait.

Cependant, le petit-déjeuner est excellent. Un peu léger mais succulent, frais et aussi **bon marché**. Les quatre amis boivent plusieurs cafés, puis payent la note et se préparent à aller visiter le centre de la bande-dessinée. Le bâtiment, art nouveau, est magnifique. Clara est très surprise de constater l'importance apportée ici à la bande-dessinée : on l'appelle le « **neuvième** art ! » Elle avait déjà entendu parler du cinéma, le septième art.

« C'est quoi, cette classification des arts ? demande-t-elle au groupe.

- Alors je ne sais pas trop, répond Eloi, en premier. Je vais demander à Google.

- **En tous cas**, ici et en France, la bande-dessinée est considérée comme un art **à part entière**, pas comme un art de second rang, » explique Olivier.

Eloi lit **à haute voix** l'article Wikipédia sur la classification des arts. L'architecture est le premier art, viennent ensuite la sculpture, les arts visuels, la musique, etc. Le vingt-et-unième siècle a ajouté des arts à cette liste, parmi lesquels le cinéma et la bande-dessinée. Cela montre bien l'importance de cette forme de littérature. La visite est très instructive et donne envie à Clara de lire Tintin et Milou, Gaston Lagaffe, Philémon... En sortant, ils s'arrêtent à la boutique du musée, et achètent des **cartes postales** et des souvenirs pour eux-mêmes, leurs familles et amis.

En réalité (locution adverbiale) : in reality, in fact
Canon (adjectif) : hot, stunning
Quelque chose (pronom) : something
Déstabiliser (verbe) : to unsettle
Mélange (m) (nom commun) : blend, mixture
Fringue (f) (nom commun) : clothes, clothing
Après-rasage (m) (nom commun) : aftershave
Bon marché (adjectif) : cheap, inexpensive
Neuvième (adjectif) : ninth
En tous cas (locution adverbiale) : in any case
À part entière (locution adjectivale) : fully-fledged, full
À haute voix (locution adverbiale) : aloud, out loud

Carte postale (f) (nom commun) : postcard

En sortant du musée, l'après-midi est déjà bien avancée... Les filles décident d'aller manger près de l'hôtel. Elles veulent écrire leurs cartes postales et être à proximité de leurs valises pour **filer** vers la gare. Olivier et Eloi proposent de se joindre à elles, ce qu'elles acceptent avec plaisir. **Après tout**, ils sont vraiment sympathiques. Clara marche avec Eloi, Céline marche avec Olivier, et les discussions **vont bon train**.

Le petit groupe s'arrête dans un restaurant **proche** de l'hôtel comme prévu. Ils décident de **partager** une grande casserole de moules-frites. « C'est végétarien, » **souligne** Clara comme pour taquiner Céline. Mais Céline est imperturbable : elle souhaite vraiment tenter l'aventure avec Christophe. **Pour le moment**, elle est flexitarienne, et à l'avenir, elle va repenser son alimentation !

Pendant le repas, les filles écrivent des cartes postales : aux États-Unis, à Paris, à Lyon et à Antibes. Entre le plat et le dessert, Clara court à la Poste pour acheter des **timbres**. Olivier et Eloi proposent de poster les cartes postales pour qu'elles soient libres plus tôt. Après un bon dessert, il est temps de partir... Elles vont chercher leurs valises en vitesse et reviennent dire au revoir à Olivier et Eloi. Eloi, un peu gêné, glisse un petit cadeau à Clara avant qu'elle parte : « Tu l'ouvriras dans le train. Ne sois pas gênée, ce n'est rien du tout ! » Clara rougit **malgré tout**.

Mais l'heure tourne et il faut partir ! Elles appellent un taxi, se précipitent vers la gare et arrivent **juste à temps** pour prendre leur train. Installées au fond de leurs **sièges**, elles se regardent, en souriant. Puis Céline éclate de rire :

« **Alors**, tu l'ouvres, le cadeau de ton nouvel admirateur ? » dit-elle en riant encore.

Filer (verbe) : to head to
Après tout (locution adverbiale) : after all
Aller bon train (locution verbale) : to go well
Proche (adjectif) : close, near
Partager (verbe) : to share
Souligner (verbe) : to emphasize, to point out
Pour le moment (locution adverbiale) : for now

Timbre (m) (nom commun) : stamp
Malgré tout (locution adverbiale) : despite everything
Juste à temps (locution adverbiale) : just in time
Siège (m) (nom commun) : seat, chair
Alors (adverbe) : so

Questions (Chapitre 7)

1. Que font Clara et Céline après avoir rendu les clés de leur chambre ?
a) Elles prennent une douche
b) Elles vont rencontrer Eloi et Olivier au café
c) Elles font leurs valises
d) Elles appellent Christophe

2. Qu'est-ce qui trouble Clara lorsque Céline fait une remarque sur Eloi ?
a) Elle réalise qu'elle n'a pas remarqué qu'Eloi la regardait
b) Elle se met à rougir légèrement en lui faisant la bise
c) Elle se sent jalouse de la relation entre Céline et Eloi
d) Elle se demande si Eloi est vraiment canon

3. Pourquoi la visite du centre de la bande-dessinée est-elle instructive pour Clara ?
a) Parce qu'elle apprend la classification des arts
b) Parce qu'elle découvre l'art nouveau
c) Parce qu'elle décide de devenir dessinatrice
d) Parce qu'elle achète des cartes postales

4. Quel type de repas partagent Clara, Céline, Olivier et Eloi au restaurant ?
a) Une pizza
b) Une salade
c) Une grande casserole de moules-frites
d) Des sushis

5. Comment Clara réagit-elle au cadeau d'Eloi ?
a) Elle le refuse poliment
b) Elle rougit mais accepte le cadeau
c) Elle l'ouvre immédiatement et le montre à tout le monde
d) Elle le met de côté sans dire un mot

7. La fin du séjour : musée, cartes postales et souvenirs

Ça y est, c'est le tout dernier jour de cette petite série de voyages : Antibes, Paris, Bruxelles. Lyon, le retour, c'est pour ce soir. Mais le train est tard et Clara et Céline ont toute la journée devant elles. Mais il faut faire les valises et descendre rendre la clef de la chambre. Céline est un peu triste de la fin des vacances, mais le plaisir de revoir Christophe très bientôt efface ce sentiment. En effet, il avait promis de peut-être les rejoindre, à Antibes, Paris ou Bruxelles ; mais il ne l'a pas fait. Ce voyage était génial, mais un peu long, sans lui !

Clara, de son côté, est de plus en plus souvent sur son téléphone. Elle espère vraiment voir Adam bientôt, parce qu'il commence à lui manquer, mais aussi parce qu'elle a peur qu'ils s'oublient avec le temps. Aussi, elle a quelques photos, mais elle a l'impression de l'avoir déjà oublié ! Ils s'envoient tout de même des textos toute la journée, tous les jours. Ils se racontent leurs vies et apprennent à se connaître de mieux en mieux. Ils ont le même sens de l'humour, les mêmes goûts musicaux, les mêmes sujets de conversation favoris... Vivement la prochaine rencontre.

Bon, mais ça y est : les bagages sont terminés, la chambre rangée, les douches sont prises. Les filles ont vérifié partout qu'elles n'ont

7. End of stay: museum, postcards and souvenirs

It's the very last day of this little series of trips: Antibes, Paris, Brussels. Lyon, the return journey, is tonight. But the train is late and Clara and Céline have the whole day ahead of them. But it's time to pack and go downstairs to return the room key. Céline is a little sad about the end of the vacation, but the pleasure of seeing Christophe again very soon erases this feeling. Indeed, he had promised that he might join them in Antibes, Paris or Brussels; but he didn't. The trip was great, but a bit long without him!

Clara, for her part, is on her phone more and more. She really hopes to see Adam soon, because she's beginning to miss him, but also because she's afraid they'll forget each other in time. Also, she has a few photos, but she feels like she's already forgotten him! Still, they text each other all day, every day. They tell each other about their lives and get to know each other better and better. They have the same sense of humor, the same taste in music, the same favorite topics of conversation... Can't wait to meet them again.

Okay, but that's it: the packing is done, the room is tidy, the showers are taken. The girls have checked everywhere to make sure they

rien oublié : livres, brosses à dent, chargeurs de téléphone, chaussettes. Elles prennent leurs valises et empruntent les escaliers pour se rendre vers la réception de l'hôtel. Elles rendent les clefs mais demandent si elles peuvent laisser leurs valises quelque part ; l'hôtesse leur indique une pièce surveillée où elles peuvent laisser leurs affaires personnelles en toute sécurité.

Les mains libres, Clara et Céline se dirigent vers le café où elles ont rendez-vous avec Eloi et Olivier pour le petit-déjeuner. En chemin, Céline taquine Clara :

« Il est mignon, Eloi, non ? lui demande-t-elle.

- Oui, mais enfin tu sais, j'ai quelqu'un d'autre en tête, répond Clara, un peu agacée. Pourquoi tu me dis ça ?

- Oh, comme ça. Il te regardait avec insistance hier soir, c'est tout ! » dit simplement Céline, en souriant.

Clara fait comme si elle n'avait pas relevé ; mais en réalité, cette remarque la trouble un peu. Elle n'avait pas remarqué qu'Eloi la regardait. En effet, il est plutôt canon Eloi. Et sympa. Mais Clara est dans un début de quelque chose avec Adam... Cela la déstabilise un peu. Elle essaye de ne pas y penser et elle change de conversation, mais

haven't forgotten anything: books, toothbrushes, phone chargers, socks. They take their suitcases and head up the stairs to the hotel reception. They return the keys but ask if they can leave their suitcases somewhere; the hostess points them to a guarded room where they can safely leave their personal belongings.

With their hands free, Clara and Céline head for the café where they are meeting Eloi and Olivier for breakfast. On the way, Céline teases Clara:

"Isn't Eloi cute? she asks.

- Yes, but you know, I've got someone else in mind, replies Clara, a little annoyed. Why are you telling me this?

- Oh, just like that. He was staring at you last night, that's all!" says Céline, smiling.

Clara acted as if she hadn't noticed, but in reality, the remark confused her a little. She hadn't noticed Eloi looking at her. Indeed, he's rather hot, Eloi. And nice. But Clara is in the early stages of something with Adam... It unsettles her a little. She tries not to think about it and changes the conversation, but when they arrive at the café and

quand elles arrivent au café et qu'elles retrouvent les deux nouveaux amis, elle ne peut s'empêcher de rougir légèrement en faisant la bise à Eloi. Et de sentir son parfum, un mélange simple et élégant de fringues propres et d'après-rasage. Voilà, Clara est à nouveau troublée par quelqu'un. Elle s'en veut, mais c'est plus fort qu'elle ! Elle en veut surtout à Céline qui a provoqué - sans vraiment le vouloir - cet état de fait.

Cependant, le petit-déjeuner est excellent. Un peu léger mais succulent, frais et aussi bon marché. Les quatre amis boivent plusieurs cafés, puis payent la note et se préparent à aller visiter le centre de la bande-dessinée. Le bâtiment, art nouveau, est magnifique. Clara est très surprise de constater l'importance apportée ici à la bande-dessinée : on l'appelle le « neuvième art ! » Elle avait déjà entendu parler du cinéma, le septième art.

« C'est quoi, cette classification des arts ? demande-t-elle au groupe.

- Alors je ne sais pas trop, répond Eloi, en premier. Je vais demander à Google.

- En tous cas, ici et en France, la bande-dessinée est considérée comme un art à part entière, pas comme un art de second rang, » explique Olivier.

find the two new friends, she can't help blushing slightly as she kisses Eloi on the cheek. And to smell his perfume, a simple, elegant blend of clean clothes and aftershave. Clara is once again troubled by someone. She blames herself, but she can't help it! She's especially angry with Céline, who unintentionally brought it on herself.

However, the breakfast is excellent. A little light, but succulent, fresh and also inexpensive. The four friends drink several coffees, then pay the bill and get ready to visit the Comic Strip Center. The Art Nouveau building is magnificent. Clara is very surprised to see the importance given to comics here: they call it the "ninth art!" She had already heard of cinema, the seventh art.

"What's this classification of the arts? she asks the group.

- Well, I don't really know, replies Eloi, first. I'll ask Google.

- In any case, here and in France, comics are considered an art form in their own right, not a second-rate art form," explains Olivier.

Eloi lit à haute voix l'article Wikipédia sur la classification des arts. L'architecture est le premier art, viennent ensuite la sculpture, les arts visuels, la musique, etc. Le vingt-et-unième siècle a ajouté des arts à cette liste, parmi lesquels le cinéma et la bande-dessinée. Cela montre bien l'importance de cette forme de littérature. La visite est très instructive et donne envie à Clara de lire Tintin et Milou, Gaston Lagaffe, Philémon... En sortant, ils s'arrêtent à la boutique du musée, et achètent des cartes postales et des souvenirs pour eux-mêmes, leurs familles et amis.	Eloi reads aloud the Wikipedia article on the classification of the arts. Architecture is the first art, followed by sculpture, visual arts, music, etc. The twenty-first century has added other arts to this list, including cinema and comics. This clearly shows the importance of this form of literature. The visit is very instructive and makes Clara want to read Tintin and Snowy, Gaston Lagaffe, Philemon... On the way out, they stop off at the museum store, and buy postcards and souvenirs for themselves, their families and friends.
En sortant du musée, l'après-midi est déjà bien avancée... Les filles décident d'aller manger près de l'hôtel. Elles veulent écrire leurs cartes postales et être à proximité de leurs valises pour filer vers la gare. Olivier et Eloi proposent de se joindre à elles, ce qu'elles acceptent avec plaisir. Après tout, ils sont vraiment sympathiques. Clara marche avec Eloi, Céline marche avec Olivier, et les discussions vont bon train.	By the time they leave the museum, it's well into the afternoon... The girls decide to have lunch near the hotel. They want to write their postcards and be close to their suitcases before heading for the station. Olivier and Eloi offer to join them, which they gladly accept. After all, they're really nice people. Clara walks with Eloi, Céline walks with Olivier, and the chatter goes on.
Le petit groupe s'arrête dans un restaurant proche de l'hôtel comme prévu. Ils décident de partager une grande casserole de moules-frites. « C'est végétarien, » souligne Clara comme pour taquiner Céline. Mais Céline est imperturbable : elle souhaite vraiment tenter l'aventure avec Christophe. Pour le moment, elle est flexitarienne, et à l'avenir, elle	As planned, the little group stops off at a restaurant close to the hotel. They decide to share a large casserole of moules-frites. "It's vegetarian," Clara points out, as if to tease Céline. But Céline is unfazed: she really wants to try the adventure with Christophe. For the moment, she's a flexitarian, and in the future, she'll be rethinking her diet!

va repenser son alimentation !

Pendant le repas, les filles écrivent des cartes postales : aux États-Unis, à Paris, à Lyon et à Antibes. Entre le plat et le dessert, Clara court à la Poste pour acheter des timbres. Olivier et Eloi proposent de poster les cartes postales pour qu'elles soient libres plus tôt. Après un bon dessert, il est temps de partir… Elles vont chercher leurs valises en vitesse et reviennent dire au revoir à Olivier et Eloi. Eloi, un peu gêné, glisse un petit cadeau à Clara avant qu'elle parte : « Tu l'ouvriras dans le train. Ne sois pas gênée, ce n'est rien du tout ! » Clara rougit malgré tout.

Mais l'heure tourne et il faut partir ! Elles appellent un taxi, se précipitent vers la gare et arrivent juste à temps pour prendre leur train. Installées au fond de leurs sièges, elles se regardent, en souriant. Puis Céline éclate de rire :

« Alors, tu l'ouvres, le cadeau de ton nouvel admirateur ? » dit-elle en riant encore.

During the meal, the girls write postcards: to the USA, Paris, Lyon and Antibes. Between the main course and dessert, Clara runs to the post office to buy stamps. Olivier and Eloi offer to mail the postcards so they'll be free earlier. After a delicious dessert, it's time to leave… They rush off to get their suitcases and come back to say goodbye to Olivier and Eloi. Eloi, a little embarrassed, slips Clara a little present before she leaves: "You can open it on the train. Don't be embarrassed, it's nothing at all!" Clara blushes in spite of everything.

But the clock is ticking and it's time to go! They hail a cab, rush to the station and arrive just in time to catch their train. Settling back in their seats, they look at each other, smiling. Then Céline bursts out laughing:

"So, are you going to open the present from your new admirer?" she says, still laughing.

Questions (Chapitre 7)

1. Que font Clara et Céline après avoir rendu les clés de leur chambre ?
a) Elles prennent une douche
b) Elles vont rencontrer Eloi et Olivier au café
c) Elles font leurs valises
d) Elles appellent Christophe

2. Qu'est-ce qui trouble Clara lorsque Céline fait une remarque sur Eloi ?
a) Elle réalise qu'elle n'a pas remarqué qu'Eloi la regardait
b) Elle se met à rougir légèrement en lui faisant la bise
c) Elle se sent jalouse de la relation entre Céline et Eloi
d) Elle se demande si Eloi est vraiment canon

3. Pourquoi la visite du centre de la bande-dessinée est-elle instructive pour Clara ?
a) Parce qu'elle apprend la classification des arts
b) Parce qu'elle découvre l'art nouveau
c) Parce qu'elle décide de devenir dessinatrice
d) Parce qu'elle achète des cartes postales

4. Quel type de repas partagent Clara, Céline, Olivier et Eloi au restaurant ?
a) Une pizza
b) Une salade

Questions (Chapter 7)

1. What do Clara and Céline do after returning the keys to their room?
a) They take a shower
b) They meet Eloi and Olivier at the café
c) They pack their suitcases
d) They call Christophe

2. What troubles Clara when Céline makes a remark about Eloi?
a) She realizes she didn't notice Eloi looking at her
b) She blushes slightly while greeting him
c) She feels jealous of Céline's relationship with Eloi
d) She wonders if Eloi is really handsome

3. Why is the visit to the comic book center instructive for Clara?
a) Because she learns about the classification of arts
b) Because she discovers art nouveau
c) Because she decides to become a cartoonist
d) Because she buys postcards

4. What kind of meal do Clara, Céline, Olivier, and Eloi share at the restaurant?
a) A pizza
b) A salad

c) Une grande casserole de moules-frites
d) Des sushis

5. Comment Clara réagit-elle au cadeau d'Eloi ?
a) Elle le refuse poliment
b) Elle rougit mais accepte le cadeau
c) Elle l'ouvre immédiatement et le montre à tout le monde
d) Elle le met de côté sans dire un mot

c) A large pot of moules-frites
d) Sushi

5. How does Clara react to Eloi's gift?
a) She politely refuses it
b) She blushes but accepts the gift
c) She opens it immediately and shows it to everyone
d) She sets it aside without saying a word

8. Retour à Lyon : la fin des vacances !

Dans le train qui les emmène vers Lyon, Clara sort son sac dans lequel elle a rangé le petit cadeau d'Eloi. Visiblement, c'est un livre. Elle l'ouvre et elle sourit : c'est une bande-dessinée en version poche, d'un **auteur** qu'elle avait bien aimé pendant l'exposition. À l'intérieur du livre, Eloi a laissé un petit mot très simple : « En te souhaitant une **bonne lecture !** », son nom et la date. Clara est très touchée par cette attention. Céline trouve aussi que c'est un **geste** très gentil. Clara décide de prendre ce petit cadeau comme un simple geste **amical** et elle écrit un petit message de remerciement à son nouvel ami. Elle ne sait pas encore que ce sera le début d'une longue correspondance !

Le train **fuse**, mais il fait déjà nuit quand les deux amies arrivent à Paris pour leur correspondance vers Lyon. Elles doivent descendre de la Gare du Nord vers la Gare de Lyon, en prenant le métro. Les deux jeunes femmes sont un peu fatiguées et elles n'ont qu'une hâte : rentrer à la maison et se glisser sous les **draps**. Valentine a promis de venir les chercher à la gare avec Scruffles. Et c'est ce qui se passe : Valentine les attend sur le quai de la gare, avec Scruffles bien sûr, mais aussi Constance et Christophe ! Quelle joie de revoir **tout le monde**. Le chien est fou de joie : il se remue dans tous les sens, **jappe**, aboie et pleure de joie. C'est un vrai bonheur de le voir si content !

Clara prend son petit chien dans ses bras et Christophe porte sa valise. Les amis discutent, et Céline et Clara acceptent, même très fatiguées, d'aller boire un verre. Il est tard, presque **minuit**, mais il reste quelques bars ouverts sur le plateau de la Croix-Rousse. Tous ensemble, ils prennent le métro en direction de la Croix-Rousse. Les filles **posent** leurs valises en vitesse et filent vers le bistrot le plus proche pour une bière entre amis avant d'aller se coucher.

Elles racontent leurs vacances **dans les détails**, et Constance, Valentine et Christophe racontent également leur été. Globalement, peu de **mésaventures** : tout le monde va bien ! Valentine n'est pas vraiment partie mais elle a pris du temps pour elle et elle était ravie d'avoir le petit chien. Maintenant, elle voudrait adopter un petit chiot elle aussi, parce qu'elle s'est beaucoup attachée à sa présence. « Ça va être tout **vide** sans lui, » dit-elle, un peu triste.

Auteur (m) (nom commun) : author, writer
Bonne lecture ! (interjection) : happy reading, good reading
Geste (m) (nom commun) : gesture
Amical (adjectif) : friendly, amicable
Fuser (verbe) : to fly thick and fast
Drap (m) (nom commun) : sheet
Tout le monde (pronom) : everybody, all
Japper (verbe) : to yelp, to bark
Minuit (m) (nom commun) : midnight
Poser (verbe) : to drop off
Dans le détail (locution adverbiale) : in detail
Mésaventure (f) (nom commun) : misadventure, mishap
Vide (adjectif) : empty

Constance, après ses quelques jours à Paris, est simplement revenue à Lyon. Elle a passé beaucoup de temps avec Max, elle a travaillé un peu, et elle a arrosé les plantes, **bien entendu**. Christophe, lui, n'a pas vraiment arrêté de travailler non plus. **Contre toute attente**, l'été a été très bon pour lui : il a organisé des **stages** de tennis pour les jeunes et ça a très bien marché, il a eu beaucoup d'inscrits. Céline ne cache pas sa petite **déception** de ne pas l'avoir vu pendant tout ce temps ; mais elle sait que ce n'était pas sa **faute**.

Après ces **chouettes retrouvailles**, tout le monde est fatigué ! Christophe, Céline, Clara et Scruffles rentrent rue Duviard. Constance se dirige vers

l'appartement de Max, et Valentine rentre chez elle, sans son nouveau compagnon à poils. Céline demande à Clara :

« Tu savais qu'ils étaient ensemble, Constance et Max ?

- Oh, on le sentait venir, un peu, non ? répond Clara en souriant.

- Eh, c'est pas vos affaires, les **pipelettes** ! se moque Christophe.

- Oh, tu exagères, je sais que tu adores les **potins**, » réagit Céline.

Enfin, elles sont rentrées chez elles. Clara prépare un thé, tout le monde **prend une douche**. Le lit du chien est réinstallé dans le **salon**, les valises sont rapidement **défaites**, tout le monde se met en pyjama et on prend un thé sur le canapé, les yeux qui se ferment tout seul. Puis ils vont tous se coucher, épuisés, mais ravis.

Bien entendu (locution adverbiale) : of course, naturally
Contre toute attente (locution adverbiale) : quite unexpectedly
Stage (m) (nom commun) : internship
Déception (f) (nom commun) : disappointment, disillusion
Faute (f) (nom commun) : fault
Chouette (adjectif) : nice, great
Retrouvailles (f, pl) (nom commun) : reunion
Pipelette (f) (nom commun) : chatterbox, talker
Potin (m) (nom commun) : gossip
Prendre une douche (locution verbale) : to have/take a shower
Salon (m) (nom commun) : living room
Défait (adjectif) : unpacked (in this context)

Le lendemain matin, pas de **réveil** : les filles **se lèvent** très tard. Christophe a déjà sorti le chien, préparé le café et apporté du pain frais, du beurre et de la confiture. Il fait un temps superbe ; mais ce n'est pas une journée pour se promener. Les filles doivent s'organiser pour la fin du mois : famille, travail, préparation de la **rentrée** universitaire, **remplir** le frigo... La liste des choses à faire est longue !

Clara appelle dès le matin sa responsable, à son travail, pour **prendre connaissance de** son planning à venir et des dates importantes de la reprise. Céline relit son curriculum vitae et ses lettres de motivation et **se remet à**

chercher du travail **activement**. Christophe, observant cette atmosphère de travail, laisse ses amies tranquilles et s'en va passer une journée sportive : un peu de course à pied le matin, et des cours de tennis l'après-midi.

Quand les filles ont bien travaillé, elles prennent une pause et se racontent un peu la **suite** des évènements. Céline a envoyé une petite dizaine de **candidatures**. Clara reprend le travail dès la semaine prochaine. Le téléphone de Céline sonne soudain : c'est Florence, sa mère.

« Allô ma chérie, alors, bien rentrées ?

- Oui, bien rentrées ! Un peu fatiguées mais tout va bien, et vous ? répond Céline.

- Écoute très bien, mais on ne vous a pas vues depuis longtemps, vous nous manquez ! Vous venez manger à la maison ce soir ? propose Florence.

- Je demande à Clara et je te confirme, mais **à priori** oui, avec plaisir ! »

Naturellement, Clara est d'accord. Il ne leur reste plus qu'à faire quelques courses pour l'appartement, à faire une machine de linge pour finir de vider les valises, et elles sont libres pour descendre manger en famille. C'est un retour définitivement efficace ! Il semble aux filles qu'elles sont déjà revenues depuis **plusieurs** jours...

Réveil (m) (nom commun) : alarm clock
Se lever (verbe pronominal) : to get up
Rentrée (f) (nom commun) : start of the new school year
Remplir (verbe) : to fill
Prendre connaissance de (locution verbale) : to become aware of [sth]
Se remettre à (verbe pronominal + préposition) : to start again
Activement (adverbe) : actively
Suite (f) (nom commun) : what happened next
Candidature (f) (nom commun) : application
À priori (locution adverbiale) : at first glance, initially
Naturellement (adverbe) : naturally
Plusieurs (adjectif) : several, a lot of

Questions (Chapitre 8)

1. Quel cadeau Eloi a-t-il donné à Clara ?
a) Une bande-dessinée
b) Un livre de poche
c) Un sac à main
d) Une lettre d'amour

2. Qui accueille Clara et Céline à leur arrivée à Lyon ? (Plusieurs réponses possibles)
a) Valentine
b) Scruffles
c) Constance
d) Christophe

3. Qu'est-ce que Constance a fait après son séjour à Paris ?
a) Elle est partie en vacances à la montagne
b) Elle est retournée directement chez elle à Lyon
c) Elle a visité d'autres villes en France
d) Elle a déménagé dans un nouvel appartement à Lyon

4. Où se dirige Constance après les retrouvailles ?
a) Chez elle
b) Chez Valentine
c) À l'appartement de Max
d) À l'appartement de Christophe

5. Pourquoi Clara appelle-t-elle sa responsable à son travail ?
a) Pour prendre connaissance de son planning à venir
b) Pour demander une journée de congé
c) Pour parler de ses vacances
d) Pour organiser une réunion de travail

8. Retour à Lyon : la fin des vacances !

Dans le train qui les emmène vers Lyon, Clara sort son sac dans lequel elle a rangé le petit cadeau d'Eloi. Visiblement, c'est un livre. Elle l'ouvre et elle sourit : c'est une bande-dessinée en version poche, d'un auteur qu'elle avait bien aimé pendant l'exposition. À l'intérieur du livre, Eloi a laissé un petit mot très simple : « En te souhaitant une bonne lecture ! », son nom et la date. Clara est très touchée par cette attention. Céline trouve aussi que c'est un geste très gentil. Clara décide de prendre ce petit cadeau comme un simple geste amical et elle écrit un petit message de remerciement à son nouvel ami. Elle ne sait pas encore que ce sera le début d'une longue correspondance !

Le train fuse, mais il fait déjà nuit quand les deux amies arrivent à Paris pour leur correspondance vers Lyon. Elles doivent descendre de la Gare du Nord vers la Gare de Lyon, en prenant le métro. Les deux jeunes femmes sont un peu fatiguées et elles n'ont qu'une hâte : rentrer à la maison et se glisser sous les draps. Valentine a promis de venir les chercher à la gare avec Scruffles. Et c'est ce qui se passe : Valentine les attend sur le quai de la gare, avec Scruffles bien sûr, mais aussi Constance et Christophe ! Quelle joie de revoir tout le monde. Le chien est fou de joie : il se remue dans tous les sens, jappe, aboie et

8. Back to Lyon: the end of the vacations!

On the train to Lyon, Clara takes out her bag containing Eloi's little present. It's obviously a book. She opens it and smiles: it's a paperback version of a comic book by an author she'd enjoyed reading at the exhibition. Inside the book, Eloi has left a simple note: "I hope you enjoy reading it!", his name and the date. Clara is very touched by this gesture. Céline also thinks it's a very kind gesture. Clara decides to take this little gift as a simple gesture of friendship and writes a little message of thanks to her new friend. Little does she know that this will be the start of a long correspondence!

The train pulls away, but it's already dark when the two friends arrive in Paris for their connection to Lyon. They have to get off at Gare du Nord and take the metro to Gare de Lyon. The two young women are a little tired and can't wait to get home and get under the sheets. Valentine has promised to pick them up at the station with Scruffles. And so it happens: Valentine is waiting for them on the station platform, with Scruffles of course, but also Constance and Christophe! It's great to see everyone again. The dog is overjoyed, bouncing around, barking and crying with joy. It's a real

pleure de joie. C'est un vrai bonheur de le voir si content !	pleasure to see him so happy!
Clara prend son petit chien dans ses bras et Christophe porte sa valise. Les amis discutent, et Céline et Clara acceptent, même très fatiguées, d'aller boire un verre. Il est tard, presque minuit, mais il reste quelques bars ouverts sur le plateau de la Croix-Rousse. Tous ensemble, ils prennent le métro en direction de la Croix-Rousse. Les filles posent leurs valises en vitesse et filent vers le bistrot le plus proche pour une bière entre amis avant d'aller se coucher.	Clara takes her little dog in her arms and Christophe carries her suitcase. The friends chat, and Céline and Clara agree, even though they're very tired, to go for a drink. It's late, almost midnight, but there are still a few bars open on the Croix-Rousse plateau. Together, they take the metro to Croix-Rousse. The girls hurriedly put down their suitcases and headed for the nearest bistro for a beer with friends before going to bed.
Elles racontent leurs vacances dans les détails, et Constance, Valentine et Christophe racontent également leur été. Globalement, peu de mésaventures : tout le monde va bien ! Valentine n'est pas vraiment partie mais elle a pris du temps pour elle et elle était ravie d'avoir le petit chien. Maintenant, elle voudrait adopter un petit chiot elle aussi, parce qu'elle s'est beaucoup attachée à sa présence. « Ça va être tout vide sans lui, » dit-elle, un peu triste.	They recount their vacations in detail, and Constance, Valentine and Christophe also talk about their summer. On the whole, there were few mishaps: everyone's doing well! Valentine didn't really leave, but she took some time for herself and was delighted to have the little dog. Now she'd like to adopt a puppy herself, because she's become so attached to his presence. "It's going to be empty without him," she says, a little sad.
Constance, après ses quelques jours à Paris, est simplement revenue à Lyon. Elle a passé beaucoup de temps avec Max, elle a travaillé un peu, et elle a arrosé les plantes, bien entendu. Christophe, lui, n'a pas vraiment arrêté de travailler non plus. Contre toute attente, l'été a été très bon pour lui : il a organisé des	Constance, after her few days in Paris, simply returned to Lyon. She spent a lot of time with Max, did a bit of work, and watered the plants, of course. Christophe didn't really stop working either. Against all expectations, it's been a very good summer for him: he's been organizing tennis camps for youngsters and

stages de tennis pour les jeunes et ça a très bien marché, il a eu beaucoup d'inscrits. Céline ne cache pas sa petite déception de ne pas l'avoir vu pendant tout ce temps ; mais elle sait que ce n'était pas sa faute.

Après ces chouettes retrouvailles, tout le monde est fatigué ! Christophe, Céline, Clara et Scruffles rentrent rue Duviard. Constance se dirige vers l'appartement de Max, et Valentine rentre chez elle, sans son nouveau compagnon à poils. Céline demande à Clara :

« Tu savais qu'ils étaient ensemble, Constance et Max ?

- Oh, on le sentait venir, un peu, non ? répond Clara en souriant.

- Eh, c'est pas vos affaires, les pipelettes ! se moque Christophe.

- Oh, tu exagères, je sais que tu adores les potins, » réagit Céline.

Enfin, elles sont rentrées chez elles. Clara prépare un thé, tout le monde prend une douche. Le lit du chien est réinstallé dans le salon, les valises sont rapidement défaites, tout le monde se met en pyjama et on prend un thé sur le canapé, les yeux qui se ferment tout seul. Puis ils vont tous se coucher, épuisés, mais ravis.

Le lendemain matin, pas de réveil : les filles se lèvent très tard. Christophe

they've been going very well, with lots of people signing up. Céline doesn't hide her disappointment at not having seen him all that time, but she knows it wasn't his fault.

After this wonderful reunion, everyone is tired! Christophe, Céline, Clara and Scruffles return to rue Duviard. Constance heads for Max's apartment, and Valentine returns home without her new furry companion. Céline asks Clara:

"Did you know Constance and Max were together?

- Oh, we could feel it coming, couldn't we? replies Clara with a smile.

- Hey, it's none of your business, you blabbermouths! laughs Christophe.

- Oh, you're exaggerating, I know you love gossip," reacts Céline.

Finally, they returned home. Clara prepares a cup of tea and everyone takes a shower. The dog bed is re-installed in the living room, suitcases are quickly unpacked, everyone gets into their pyjamas and has tea on the sofa, eyes closing on their own. Then it's off to bed, exhausted but delighted.

The next morning, no alarm clock: the girls are up very late. Christophe

a déjà sorti le chien, préparé le café et apporté du pain frais, du beurre et de la confiture. Il fait un temps superbe ; mais ce n'est pas une journée pour se promener. Les filles doivent s'organiser pour la fin du mois : famille, travail, préparation de la rentrée universitaire, remplir le frigo... La liste des choses à faire est longue !	has already walked the dog, made coffee and brought fresh bread, butter and jam. The weather is superb, but it's not a day for walking. The girls have to get organized for the end of the month: family, work, preparing for university, filling the fridge... The to-do list is long!
Clara appelle dès le matin sa responsable, à son travail, pour prendre connaissance de son planning à venir et des dates importantes de la reprise. Céline relit son curriculum vitae et ses lettres de motivation et se remet à chercher du travail activement. Christophe, observant cette atmosphère de travail, laisse ses amies tranquilles et s'en va passer une journée sportive : un peu de course à pied le matin, et des cours de tennis l'après-midi.	Clara calls her supervisor at work in the morning to find out about her upcoming schedule and the important dates for the start of the new academic year. Céline rereads her curriculum vitae and cover letters and starts looking for work again. Christophe, observing this work atmosphere, leaves his friends in peace and heads off for a day of sport: a bit of running in the morning, and tennis lessons in the afternoon.
Quand les filles ont bien travaillé, elles prennent une pause et se racontent un peu la suite des évènements. Céline a envoyé une petite dizaine de candidatures. Clara reprend le travail dès la semaine prochaine. Le téléphone de Céline sonne soudain : c'est Florence, sa mère.	When the girls have done their homework, they take a break and tell each other a little about what happened next. Céline has sent out a dozen applications. Clara goes back to work next week. Céline's phone suddenly rings: it's Florence, her mother.
« Allô ma chérie, alors, bien rentrées ?	"Hello darling, are you back home?
- Oui, bien rentrées ! Un peu fatiguées mais tout va bien, et vous ? répond Céline.	- Yes, we're home! A little tired, but everything's fine. And you? replies Céline.

- Écoute très bien, mais on ne vous a pas vues depuis longtemps, vous nous manquez ! Vous venez manger à la maison ce soir ? propose Florence.

- Je demande à Clara et je te confirme, mais à priori oui, avec plaisir ! »

Naturellement, Clara est d'accord. Il ne leur reste plus qu'à faire quelques courses pour l'appartement, à faire une machine de linge pour finir de vider les valises, et elles sont libres pour descendre manger en famille. C'est un retour définitivement efficace ! Il semble aux filles qu'elles sont déjà revenues depuis plusieurs jours...

- We haven't seen you for a long time, we miss you! Are you coming for dinner this evening?

- I'll ask Clara and confirm, but yes, I'd love to!"

Naturally, Clara agrees. Now all they have to do is run a few errands for the apartment, do a load of laundry to finish emptying the suitcases, and they're free to head downstairs for dinner with the family. It's a definite comeback! It seems to the girls that they've already been back for several days...

Questions (Chapitre 8)

1. Quel cadeau Eloi a-t-il donné à Clara ?
a) Une bande-dessinée
b) Un livre de poche
c) Un sac à main
d) Une lettre d'amour

2. Qui accueille Clara et Céline à leur arrivée à Lyon ? (Plusieurs réponses possibles)
a) Valentine
b) Scruffles
c) Constance
d) Christophe

3. Qu'est-ce que Constance a fait après son séjour à Paris ?
a) Elle est partie en vacances à la montagne
b) Elle est retournée directement chez elle à Lyon
c) Elle a visité d'autres villes en France
d) Elle a déménagé dans un nouvel appartement à Lyon

4. Où se dirige Constance après les retrouvailles ?
a) Chez elle
b) Chez Valentine
c) À l'appartement de Max
d) À l'appartement de Christophe

5. Pourquoi Clara appelle-t-elle sa responsable à son travail ?
a) Pour prendre connaissance de son planning à venir
b) Pour demander une journée de

Questions (Chapter 8)

1. What gift did Eloi give to Clara?
a) A comic book
b) A paperback book
c) A handbag
d) A love letter

2. Who welcomes Clara and Céline upon their arrival in Lyon? (Multiple answers possible)
a) Valentine
b) Scruffles
c) Constance
d) Christophe

3. What did Constance do after her stay in Paris?
a) She went on vacation to the mountains
b) She went straight back home to Lyon
c) She visited other cities in France
d) She moved to a new apartment in Lyon

4. Where does Constance head to after the reunion?
a) To her home
b) To Valentine's place
c) To Max's apartment
d) To Christophe's apartment

5. Why does Clara call her supervisor at work?
a) To find out her upcoming schedule
b) To request a day off
c) To talk about her vacation

97

congé
c) Pour parler de ses vacances
d) Pour organiser une réunion de travail

d) To organize a work meeting

9. Retrouvailles familiales

En descendant vers la Place des Terreaux pour retrouver les parents de Céline, les filles font la rencontre de Jules, sur leur chemin. Ce bon vieux Jules, toujours souriant et plein de **bonhomie**, toujours content de les croiser. Voyant qu'elles marchent d'un pas un peu pressé, il les salue de loin en leur adressant l'une de ses sagesses habituelles : « Bonsoir les filles ! Bon retour parmi nous ! Un **arbre** seul ne fait pas une forêt, pensez-y. » Les deux amies éclatent de rire, mais d'un rire sans **moquerie** aucune : elles sont ravies de revoir Jules et notent maintenant **scrupuleusement** chacun des petits proverbes qu'il leur donne.

Puis elles arrivent dans l'appartement familial. Quel plaisir de revoir tout le monde ! Isabelle et Marc sont là aussi, avec leur petite Marie, qui dort dans les bras de son père. Elle est toujours aussi mignonne, mais elle grandit très vite ! Scruffles est tout content de revenir dans la maison familiale aussi, et particulièrement ravi de revoir Mattéo, qui **joue** toujours avec lui. Ça sent bon dans la cuisine et l'apéritif est en préparation : encore une belle soirée d'été. Les fenêtres sont **grandes ouvertes**, une légère brise très agréable passe dans le salon, **sans** réussir à **rafraîchir** la température **pour autant**. L'été se prolongera jusqu'à la mi-septembre au moins, rendant la fin des vacances un

peu plus douces.

Tout le monde semble aller très bien. Bien entendu, les filles passent un long moment à **raconter** leurs vacances. Clara se montre très enthousiaste au sujet de Paris, tandis que Céline est complètement **séduite** par Bruxelles. Elles ont toutes les deux aimé les deux villes, mais le coup de cœur de Clara pour la capitale française est une évidence. Vient le tour de Marc et Isabelle de raconter leur mois d'**août**. En réalité, ils vont bien mais sont très, très fatigués ! Depuis le retour d'Antibes, ils n'ont pas arrêté ! Travail, repas, petites nuits, s'occuper de Marie. Isabelle est visiblement épuisée. Céline écoute sa belle-sœur parler de son **train de vie** et elle réalise qu'elle aurait bien besoin d'un peu d'**aide**.

Bonhomie (f) (nom commun) : good-heartedness
Arbre (m) (nom commun) : tree
Moquerie (f) (nom commun) : teasing, mocking
Scrupuleusement (adverbe) : scrupulously
Jouer (verbe) : to play
Grand ouvert (locution adjectivale) : wide open
Sans pour autant (locution adverbiale) : without
Rafraîchir (verbe) : to chill, to cool
Raconter (verbe) : to tell, to relate
Séduit (adjectif) : seduced, charmed by
Août (m) (nom commun) : August
Train de vie (m) (nom commun) : lifestyle, way of life
Aide (f) (nom commun) : help, assistance

« Isabelle, ça te ferait plaisir que Clara et moi, on vienne faire un peu de baby-sitting **un de ces quatre** ? propose-t-elle gentiment. Comme ça, Marc et toi, vous pourriez aller au cinéma, au restaurant, faire quelque chose qui vous change un peu les idées ?

- Oh, c'est **gentil**, mais tu sais, ça va, on gère, répond Isabelle.

- Alors moi je pense que c'est une super bonne idée, intervient Marc. Isabelle, une soirée, ça ne peut pas nous faire de mal, **au contraire**.

- Mais Marie est toute petite, elle va être terrorisée ! dit Isabelle, l'air inquiet.

- Mais non, ne t'inquiète pas... Juste une soirée, on n'ira pas loin. Ça va

l'**habituer** ! Et toi, ça te fera du bien, insiste Marc. Merci Céline, c'est vraiment sympa de proposer ! »

En réalité, Céline est presque **égoïste** en proposant de s'occuper de Marie. Elle a très envie de **pouponner** ! Et elle se sent déjà attachée à sa petite nièce. Clara n'est pas très à l'aise avec l'idée de s'occuper d'un bébé mais elle est sûre que Céline **saura** très bien faire. Ce sera l'occasion de commander des pizzas et de regarder un bon film !

Isabelle, visiblement inquiète à l'idée de laisser son bébé pour une soirée, **cède** sous les demandes répétées de Marc. Elle comprend qu'il en a très envie, et elle **avoue** qu'elle doit aussi apprendre à s'en détacher un peu. Bientôt, la petite ira à la **crèche**. Marc et Isabelle discutent d'une date idéale pour sortir dîner. Céline propose de faire ça rapidement, avant la fin du mois d'août, avant la reprise de la fac. Ils se décident pour le vendredi soir de cette semaine : dans deux jours. Parfait !

La fin de la soirée se passe comme toujours, **à merveille**. Le repas est excellent et se termine par une salade de fruit accompagnée de quelques cafés. Isabelle et Marc sont les premiers à partir, ils ont besoin de dormir. Mattéo va se coucher, **puis** Céline et Clara décident de rentrer également. Leur petit appartement cosy les attend, avec quelques bougies et un bon film sur le canapé. Elles profitent encore de cette fin de vacances pour se relaxer.

Un de ces quatre (locution adverbiale) : one of these days
Gentil (adjectif) : kind, nice, sweet
Au contraire (locution adverbiale) : on the contrary, quite the opposite
Habituer (verbe) : to get used to
Égoïste (adjectif) : selfish
Pouponner (verbe) : to play mother, to take care of a baby
Savoir (verbe) : to know, to be familiar with
Céder (verbe) : to give in to
Avouer (verbe) : to admit
Crèche (f) (nom commun) : day care
À merveille (locution adverbiale) : wonderfully
Puis (adverbe) : then

Pendant le film, Clara envoie des textos : d'abord à Adam, puis elle répond à Eloi. Eloi lui demande des nouvelles, et la conversation s'engage... Céline regarde son amie **du coin de l'œil**.

« Eh, tu regardes le film ou tu fais tes correspondances ? demande-t-elle, un peu irritée.

- Oh, les deux, ça va ! J'ai pas eu le temps avant. Je regarde, t'inquiète ! répond Clara, absorbée par son **écran**.

- T'écris à qui, là ? demande encore Céline.

- Je réponds à Eloi, il me demande si on est bien rentrées, explique Clara.

- Et Adam, il va bien ? taquine Céline.

- Oui, oui, il t'embrasse ! » répond Clara, **sans sourciller**.

Céline voit bien que Clara est en train de se mettre dans une situation délicate. Elle **veille** sur elle, et surtout, elle espère qu'elle ne **fera souffrir** aucun de ses deux admirateurs.

« Tu **prends soin** d'eux, hein ? demande-t-elle encore.

- Comment ça, tu prends soin d'eux ? s'étonne Clara, en posant son téléphone à côté d'elle.

- Je veux dire : Adam et Eloi ont l'air de t'apprécier tous les deux, explique Céline, **bienveillante**. Sois respectueuse, ne les fais pas mariner **en vain** ! Sois honnête, **en somme**. Ce n'est qu'un conseil, je sais que tu es une bonne personne. **Bourreau des cœurs**, va ! »

Clara comprend très bien où Céline veut en venir. Elle sait qu'elle doit faire attention. En réalité, elle ne sait pas trop ce qu'elle fait, pour le moment : elle veut juste être aimable et elle aime bien Eloi. Mais **clairement**, c'est Adam qui a sa préférence. **Quoiqu'**Eloi se soit montré vraiment charmant !

Du coin de l'oeil (locution adverbiale) : out of the corner of your eye
Écran (m) (nom commun) : screen
Sans sourciller (locution adverbiale) : without batting an eyelid
Veiller (verbe) : to watch over
Faire souffrir (verbe) : to hurt, to make [sb] suffer
Prendre soin (locution verbale) : to take care of [sb, sth]

Bienveillant (adjectif) : kindly, benevolent
En vain (locution adverbiale) : in vain
En somme (locution adverbiale) : in short, to sum up
Bourreau des cœurs (m) (nom commun) : heartbreaker
Clairement (adverbe) : clearly, openly, frankly
Quoique (conjonction) : although

Questions (Chapitre 9)

1. Quelle rencontre les filles font-elles sur le chemin de la Place des Terreaux ?
a) Elles rencontrent les parents de Céline
b) Elles rencontrent Jules
c) Elles rencontrent Valentine
d) Elles rencontrent Constance et Max

2. Pourquoi Isabelle semble-t-elle épuisée pendant la soirée en famille ?
a) Elle a passé toute la journée à cuisiner
b) Elle est très inquiète pour Marie
c) Elle est fatiguée à cause d'un rythme de vie chargé
d) Elle est contrariée par quelque chose qu'elle n'a pas dit

3. Pourquoi Céline propose-t-elle de faire du baby-sitting pour Marie ?
a) Parce qu'elle veut donner une soirée à sa niece
b) Parce qu'elle aime beaucoup s'occuper des bébés
c) Parce qu'elle sait que Marc et Isabelle en ont besoin
d) Parce qu'elle veut regarder un bon film avec Clara en baby-sittant Marie

4. Quelle est l'attitude de Clara envers l'idée de s'occuper d'un bébé ?
a) Elle est très enthousiaste et attend avec impatience
b) Elle est un peu hésitante mais fait confiance à Céline
c) Elle refuse catégoriquement de s'en occuper
d) Elle est réticente mais finit par accepter

5. Comment Céline conseille-t-elle à Clara d'agir envers Adam et Eloi ?
a) D'être respectueuse et honnête
b) De choisir rapidement entre les deux
c) D'ignorer les deux et de se concentrer sur elle-même
d) De jouer avec leurs sentiments

9. Retrouvailles familiales

En descendant vers la Place des Terreaux pour retrouver les parents de Céline, les filles font la rencontre de Jules, sur leur chemin. Ce bon vieux Jules, toujours souriant et plein de bonhomie, toujours content de les croiser. Voyant qu'elles marchent d'un pas un peu pressé, il les salue de loin en leur adressant l'une de ses sagesses habituelles : « Bonsoir les filles ! Bon retour parmi nous ! Un arbre seul ne fait pas une forêt, pensez-y. » Les deux amies éclatent de rire, mais d'un rire sans moquerie aucune : elles sont ravies de revoir Jules et notent maintenant scrupuleusement chacun des petits proverbes qu'il leur donne.

Puis elles arrivent dans l'appartement familial. Quel plaisir de revoir tout le monde ! Isabelle et Marc sont là aussi, avec leur petite Marie, qui dort dans les bras de son père. Elle est toujours aussi mignonne, mais elle grandit très vite ! Scruffles est tout content de revenir dans la maison familiale aussi, et particulièrement ravi de revoir Mattéo, qui joue toujours avec lui. Ça sent bon dans la cuisine et l'apéritif est en préparation : encore une belle soirée d'été. Les fenêtres sont grandes ouvertes, une légère brise très agréable passe dans le salon, sans réussir à rafraîchir la température pour autant. L'été se prolongera jusqu'à la mi-septembre au moins, rendant la fin des vacances

9. Family reunions

On their way down to Place des Terreaux to meet Céline's parents, the girls meet Jules on the way. Good old Jules, always smiling and full of friendliness, always happy to bump into them. Seeing that they're in a bit of a hurry, he greets them from afar with one of his usual wise words: "Good evening, girls! Welcome back! One tree doesn't make a forest, just think about it." The two friends burst out laughing, but not mockingly: they're delighted to see Jules again, and are now scrupulously noting down every little proverb he gives them.

Then they arrive at the family apartment. What a pleasure to see everyone again! Isabelle and Marc are there too, with their little Marie, asleep in her father's arms. She's as cute as ever, but she's growing up fast! Scruffles is happy to be back in the family home too, and particularly delighted to see Mattéo, who is still playing with him. The kitchen smells delicious and the aperitif is being prepared: it's another beautiful summer evening. The windows are wide open, and a pleasant breeze wafts through the living room, though it doesn't cool the temperature. Summer will last until at least mid-September, making the end of the vacations a little sweeter.

un peu plus douces.

Tout le monde semble aller très bien. Bien entendu, les filles passent un long moment à raconter leurs vacances. Clara se montre très enthousiaste au sujet de Paris, tandis que Céline est complètement séduite par Bruxelles. Elles ont toutes les deux aimé les deux villes, mais le coup de cœur de Clara pour la capitale française est une évidence. Vient le tour de Marc et Isabelle de raconter leur mois d'août. En réalité, ils vont bien mais sont très, très fatigués ! Depuis le retour d'Antibes, ils n'ont pas arrêté ! Travail, repas, petites nuits, s'occuper de Marie. Isabelle est visiblement épuisée. Céline écoute sa belle-sœur parler de son train de vie et elle réalise qu'elle aurait bien besoin d'un peu d'aide.

Everyone seems to be doing just fine. Naturally, the girls spend a long time talking about their vacations. Clara is very enthusiastic about Paris, while Céline is completely seduced by Brussels. They both liked both cities, but Clara's love affair with the French capital is obvious. Now it's Marc and Isabelle's turn to talk about August. Actually, they're doing fine, but they're very, very tired! Since returning from Antibes, they haven't stopped! Work, meals, late nights, looking after Marie. Isabelle is visibly exhausted. Céline listens to her sister-in-law talk about her lifestyle and realizes that she could use a little help.

« Isabelle, ça te ferait plaisir que Clara et moi, on vienne faire un peu de baby-sitting un de ces quatre ? propose-t-elle gentiment. Comme ça, Marc et toi, vous pourriez aller au cinéma, au restaurant, faire quelque chose qui vous change un peu les idées ?

"Isabelle, how would you like it if Clara and I came to babysit sometime? That way, you and Marc could go to the movies, go to a restaurant, do something to take your mind off things?

- Oh, c'est gentil, mais tu sais, ça va, on gère, répond Isabelle.

- Oh, that's nice of you, but, you know, we can manage, replies Isabelle.

- Alors moi je pense que c'est une super bonne idée, intervient Marc. Isabelle, une soirée, ça ne peut pas nous faire de mal, au contraire.

- Well, I think it's a great idea, says Marc. Isabelle, an evening out can't hurt us, on the contrary.

- Mais Marie est toute petite, elle va être terrorisée ! dit Isabelle, l'air inquiet.

- Mais non, ne t'inquiète pas... Juste une soirée, on n'ira pas loin. Ça va l'habituer ! Et toi, ça te fera du bien, insiste Marc. Merci Céline, c'est vraiment sympa de proposer ! »

En réalité, Céline est presque égoïste en proposant de s'occuper de Marie. Elle a très envie de pouponner ! Et elle se sent déjà attachée à sa petite nièce. Clara n'est pas très à l'aise avec l'idée de s'occuper d'un bébé mais elle est sûre que Céline saura très bien faire. Ce sera l'occasion de commander des pizzas et de regarder un bon film !

Isabelle, visiblement inquiète à l'idée de laisser son bébé pour une soirée, cède sous les demandes répétées de Marc. Elle comprend qu'il en a très envie, et elle avoue qu'elle doit aussi apprendre à s'en détacher un peu. Bientôt, la petite ira à la crèche. Marc et Isabelle discutent d'une date idéale pour sortir dîner. Céline propose de faire ça rapidement, avant la fin du mois d'août, avant la reprise de la fac. Ils se décident pour le vendredi soir de cette semaine : dans deux jours. Parfait !

La fin de la soirée se passe comme toujours, à merveille. Le repas est excellent et se termine par une salade de fruit accompagnée de quelques cafés. Isabelle et Marc sont

- But Marie is so little, she'll be terrified! says Isabelle, looking worried.

- But no, don't worry... Just for one evening, we won't go far. She'll get used to it! And it'll do you good, insists Marc. Thanks Céline, it's really nice of you to offer!"

In fact, Céline is almost selfish in offering to look after Marie. She really wants to take care of the baby! And she already feels attached to her little niece. Clara isn't too comfortable with the idea of looking after a baby, but she's sure Céline will do a great job. It's time to order pizzas and watch a good movie!

Isabelle, visibly worried at the idea of leaving her baby for an evening, gives in to Marc's repeated requests. She understands how much he wants her, and admits that she too must learn to let go a little. Soon, the little one will be off to nursery school. Marc and Isabelle discuss an ideal date for dinner. Céline suggests they do it quickly, before the end of August, before college starts again. They decide on Friday evening of this week: two days from now. Perfect!

As always, the end of the evening goes perfectly. The meal is excellent, ending with a fruit salad and a few coffees. Isabelle and Marc are the first to leave, needing their sleep. Mattéo

goes to bed, then Céline and Clara decide to head home too. Their cosy little apartment awaits them, with a few candles and a good film on the sofa. They are still taking advantage of the end of their vacation to relax.

During the film, Clara sends text messages: first to Adam, then back to Eloi. Eloi asks her for news, and the conversation begins... Céline looks at her friend out of the corner of her eye.

"Hey, are you watching the movie or doing your correspondence? she asks, a little irritated.

- Oh, I'm fine with both! I didn't have time before. I'm watching, don't worry! replies Clara, absorbed in her screen.

- Who are you writing to? asks Céline again.

- I'm replying to Eloi, who's asking me if we've got home all right, explains Clara.

- And Adam, is he all right? teases Céline.

- Yes, yes, he sends his love!" replies Clara, without batting an eyelid.

Céline can see that Clara is getting herself into a tricky situation. She's

délicate. Elle veille sur elle, et surtout, elle espère qu'elle ne fera souffrir aucun de ses deux admirateurs.

« Tu prends soin d'eux, hein ? demande-t-elle encore.

- Comment ça, tu prends soin d'eux ? s'étonne Clara, en posant son téléphone à côté d'elle.

- Je veux dire : Adam et Eloi ont l'air de t'apprécier tous les deux, explique Céline, bienveillante. Sois respectueuse, ne les fais pas mariner en vain ! Sois honnête, en somme. Ce n'est qu'un conseil, je sais que tu es une bonne personne. Bourreau des cœurs, va ! »

Clara comprend très bien où Céline veut en venir. Elle sait qu'elle doit faire attention. En réalité, elle ne sait pas trop ce qu'elle fait, pour le moment : elle veut juste être aimable et elle aime bien Eloi. Mais clairement, c'est Adam qui a sa préférence. Quoiqu'Eloi se soit montré vraiment charmant !

looking out for her, and above all, she hopes she won't hurt either of her two admirers.

"You take care of them, don't you? she asks again.

- What do you mean, taking care of them? exclaims Clara, putting her phone down beside her.

- I mean, Adam and Eloi both seem to like you, Céline explains benevolently. Be respectful, don't give them the runaround! In short, be honest. It's just a piece of advice, I know you're a good person. Heartbreaker!"

Clara understands exactly what Céline is getting at. She knows she has to be careful. In fact, she doesn't really know what she's doing at the moment: she just wants to be nice and she likes Eloi. But clearly, Adam is her favorite. Although Eloi has proved to be really charming!

Questions (Chapitre 9)

1. Quelle rencontre les filles font-elles sur le chemin de la Place des Terreaux ?
a) Elles rencontrent les parents de Céline
b) Elles rencontrent Jules
c) Elles rencontrent Valentine
d) Elles rencontrent Constance et Max

2. Pourquoi Isabelle semble-t-elle épuisée pendant la soirée en famille ?
a) Elle a passé toute la journée à cuisiner
b) Elle est très inquiète pour Marie
c) Elle est fatiguée à cause d'un rythme de vie chargé
d) Elle est contrariée par quelque chose qu'elle n'a pas dit

3. Pourquoi Céline propose-t-elle de faire du baby-sitting pour Marie ?
a) Parce qu'elle veut donner une soirée à sa niece
b) Parce qu'elle aime beaucoup s'occuper des bébés
c) Parce qu'elle sait que Marc et Isabelle en ont besoin
d) Parce qu'elle veut regarder un bon film avec Clara en baby-sittant Marie

4. Quelle est l'attitude de Clara envers l'idée de s'occuper d'un bébé ?
a) Elle est très enthousiaste et attend avec impatience

Questions (Chapter 9)

1. What encounter do the girls have on the way to Place des Terreaux?
a) They meet Céline's parents
b) They meet Jules
c) They meet Valentine
d) They meet Constance and Max

2. Why does Isabelle seem exhausted during the family evening?
a) She spent the whole day cooking
b) She is very worried about Marie
c) She is tired due to a busy lifestyle
d) She is upset about something she hasn't mentioned

3. Why does Céline suggest babysitting for Marie?
a) Because she wants to give her niece an evening
b) Because she loves taking care of babies
c) Because she knows Marc and Isabelle need it
d) Because she wants to watch a good movie with Clara while babysitting Marie

4. What is Clara's attitude towards the idea of taking care of a baby?
a) She is very enthusiastic and looks forward to it
b) She is a little hesitant but trusts

b) Elle est un peu hésitante mais fait confiance à Céline
c) Elle refuse catégoriquement de s'en occuper
d) Elle est réticente mais finit par accepter

b) Céline
c) She categorically refuses to take care of it
d) She is reluctant but eventually agrees

5. Comment Céline conseille-t-elle à Clara d'agir envers Adam et Eloi ?
a) D'être respectueuse et honnête
b) De choisir rapidement entre les deux
c) D'ignorer les deux et de se concentrer sur elle-même
d) De jouer avec leurs sentiments

5. How does Céline advise Clara to act towards Adam and Eloi?
a) To be respectful and honest
b) To choose quickly between the two
c) To ignore both and focus on herself
d) To play with their feelings

10. Visite surprise d'Adam

Après ces retrouvailles avec les amis et la famille, Céline et Clara se sentent **bel et bien** de retour à Lyon. La routine reprend ses droits : sorties avec le petit chien, petits-déjeuners entre amis, recherche d'emploi, préparatifs pour la rentrée, dîners entre elles ou avec Christophe. Les filles **se réjouissent** de garder Marie le vendredi soir. En attendant, elles poursuivent leurs **tâches quotidiennes**. Dès le lendemain du repas en famille, Clara **reçoit** une surprise de la part d'Adam : une carte postale dans leur **boîte aux lettres**. Et sur la carte postale, une surprise encore plus grande :

« Chère Clara,

C'est la fin de l'été et nous allons tous reprendre nos vies très occupées. J'ai décidé de venir te voir avant ça ! Je voulais te **faire la surprise**, mais quand même, je pense que c'est mieux si je t'envoie une carte avant... J'arrive jeudi prochain par le train de onze heures du matin. Le soir, je vous invite à manger avec Céline ! J'ai pris un petit bed & breakfast à la Croix-Rousse, j'espère que je serai proche de chez vous. Ne t'en fais pas, je ne reste que **jusqu'**à dimanche. J'ai hâte de te voir, et Céline aussi !

Je t'embrasse,

Adam »

Clara est **stupéfaite**. Mais jeudi prochain, c'est... c'est demain ! Elle vérifie la date de la carte postale, et elle confirme. Adam arrive demain. Là-dessus, son téléphone vibre. C'est Eloi, qui lui souhaite une bonne journée. Céline, qui assiste à la scène en sirotant son café, **pouffe de rire**. « Eh bien, ma belle ! Tu fais chavirer les cœurs ! Si j'étais toi, je calmerais un peu Eloi. Montre-toi un peu distante, peut-être ? » lui conseille-t-elle. Clara sait bien que son amie **a raison**. Mais elle ne peut pas se résoudre à être froide avec Eloi, il est beaucoup trop gentil, et elle l'aime bien...

> **Bel et bien** (adverbe) : well and truly
> **Se réjouir** (verbe pronominal) : to be happy, to be pleased
> **Tâche** (f) (nom commun) : task, job
> **Quotidien** (adjectif) : daily
> **Recevoir** (verbe) : to receive
> **Boîte aux lettres** (f) (nom commun) : mailbox
> **Faire une surprise** (locution verbale) : to surprise
> **Jusque** (adverbe) : until, to
> **Stupéfait** (adjectif) : astounded, stunned
> **Pouffer (de rire)** (verbe) : to snort with laughter, to burst out laughing
> **Avoir raison** (locution verbale) : to be right

Bon, mais jeudi, ça veut dire qu'Adam sera ici **quand** elles ont prévu d'aller faire du baby-sitting. Céline la rassure : elle peut **tout à fait** s'en charger seule. Marie est un tout petit bébé, elle va changer une couche, **donner le biberon** et la **mettre au lit**. Aucun problème, vraiment. Clara envisage déjà une soirée en **tête-à-tête** avec Adam, et cela la rend très heureuse. Un peu inquiète aussi, mais c'est une bonne chose. Cela veut dire qu'elle y tient !

Adam avait dit qu'il essayerait de venir, mais elle ne **s'attendait** pas à ce qu'il vienne si tôt ! Elle se sent un peu rassurée qu'il ait pris un hôtel. En effet, elle ne sait pas encore comment ça va se passer. Peut-être qu'ils ne s'entendront plus aussi bien... Clara répond **rapidement** à Adam par texto : « Incroyable, déjà ? C'est merveilleux, je suis ravie. À quelle heure est ton train exactement ? Quelle gare ? » Clara veut se préparer pour aller le chercher à la gare, **bien sûr**.

La journée passe ensuite comme un **éclair**. Il y a beaucoup de choses à faire, les deux amies ne s'ennuient pas. Un peu de **ménage**, un peu de travail, s'occuper de Scruffles et préparer un petit programme sympa pour les jours à venir avec Adam. Céline reçoit déjà quelques **réponses** à ses candidatures : trois réponses négatives et deux convocations pour des **entretiens** ! C'est bon signe. Elle est tout excitée à l'idée d'avoir des entretiens professionnels bientôt, et un peu stressée. Clara la félicite et l'encourage.

> **Quand** (adverbe) : when
> **Tout à fait** (adverbe) : absolutely
> **Donner le biberon** (locution verbale) : to bottle-feed
> **Mettre au lit** (locution verbale) : to put to bed
> **Tête-à-tête** (m) (nom commun) : one-on-one
> **S'attendre** (verbe pronominal) : to expect
> **Rapidement** (adverbe) : rapidly, fast
> **Bien sûr** (locution adverbiale) : naturally, of course
> **Éclair** (m) (nom commun) : lightning, flash
> **Ménage** (m) (nom commun) : cleaning (in this context)
> **Réponse** (f) (nom commun) : answer, response, reply
> **Entretien** (m) (nom commun) : interview

Le lendemain, Clara se lève tôt. Elle **s'habille**, se maquille légèrement, sort le chien en vitesse puis fil à la gare pour **retrouver** Adam. Le train est annoncé avec trente minutes de retard… Elle va dans un café pour l'attendre, en face de la gare, et elle lui envoie l'adresse. Elle **commande** un grand café crème et sort son livre. Elle regarde l'heure toutes les cinq minutes. Enfin, le train arrive. Elle attend Adam avec impatience. Elle regarde son livre quand elle sent une main se poser délicatement sur son épaule : elle se retourne et se trouve face à Adam, plus beau que jamais. Elle manque de **défaillir**, mais se retient à la table et tente de prendre l'air détaché. Mais ses efforts sont vains. Elle essaye de **bégayer** un vague « eh, salut ! » mais il l'embrasse avant qu'elle ait ouvert la bouche. Toute la tension redescend en un éclair. Ouf ! Clara **soupire**, de **soulagement** et de bonheur. Elle prend Adam dans ses bras et lui glisse simplement à l'oreille : « je suis contente, vraiment contente de te voir. »

Les deux **tourtereaux** prennent le chemin de la Croix-Rousse, à pied. Adam a un sac très léger et la promenade est agréable. Ils se tiennent la main et se racontent leurs dernières semaines, puis commencent à faire des projets pour les quelques jours à venir. Restaurants, bistrots, promenades, cinéma,

tennis, musées... Quatre jours, c'est trop court pour tout faire ! Mais déjà, ils vont à la recherche du bed & breakfast d'Adam. Ensuite, ils proposent à Céline de les rejoindre pour le café sur une terrasse au soleil. Christophe, Max et Constance se joignent également au petit-déjeuner improvisé, qui se transforme bientôt en déjeuner, puis en promenade dans le centre-ville de Lyon entre **copains**.

Clara **est aux anges**. Retrouver Adam s'est avéré tellement naturel, elle n'aurait pas imaginé mieux. Se trouver à côté de lui est comme une évidence. **En plus**, il s'entend bien avec ses amis. Elle en oublie complètement Eloi, qui lui écrit, comme chaque jour. Elle ne répond pas et pense seulement qu'elle répondra plus tard ; peut-être que ce sera une bonne façon de prendre ses distances en douceur ! Pour le moment, elle veut seulement **savourer** l'instant présent avec son amoureux.

S'habiller (verbe pronominal) : to get dressed
Retrouver (verbe) : to find, to meet
Commander (verbe) : to order
Défaillir (verbe) : to faint
Bégayer (verbe) : to stammer
Soupirer (verbe) : to sigh
Soulagement (m) (nom commun) : relief
Tourtereaux (m, pl) (nom commun) : lovebirds
Copain (m) (nom commun) : friend, pal, buddy
Être aux anges (locution verbale) : to be over the moon
En plus (locution adjectivale) : moreover, in addition
Savourer (verbe) : to savor, to enjoy

Questions (Chapitre 10)

1. Que reçoit Clara dans sa boîte aux lettres ?
a) Une lettre de Christophe
b) Une carte postale d'Adam
c) Un paquet de Céline
d) Un colis de sa famille

2. Que dit Adam dans sa carte postale à Clara ?
a) Il lui annonce sa visite à Lyon
b) Il lui demande de le rejoindre en vacances
c) Il lui propose un voyage
d) Il lui souhaite un bon anniversaire

3. Que fait Céline pour rassurer Clara au sujet du baby-sitting ?
a) Elle propose d'annuler le baby-sitting
b) Elle dit à Clara qu'elle s'en chargera seule
c) Elle demande de l'aide à quelqu'un d'autre pour le baby-sitting
d) Elle conseille à Clara de ne pas aller chercher Adam à la gare

4. Comment se sent Clara à l'idée de retrouver Adam ?
a) Heureuse mais un peu inquiète
b) Enthousiaste et impatiente
c) Indifférente et distante
d) Triste et anxieuse

5. Comment Clara réagit-elle lorsque Adam l'embrasse à leur rencontre ?
a) Elle manque de défaillir
b) Elle le repousse brusquement
c) Elle lui donne une gifle
d) Elle l'ignore complètement

10. Visite surprise d'Adam

Après ces retrouvailles avec les amis et la famille, Céline et Clara se sentent bel et bien de retour à Lyon. La routine reprend ses droits : sorties avec le petit chien, petits-déjeuners entre amis, recherche d'emploi, préparatifs pour la rentrée, dîners entre elles ou avec Christophe. Les filles se réjouissent de garder Marie le vendredi soir. En attendant, elles poursuivent leurs tâches quotidiennes. Dès le lendemain du repas en famille, Clara reçoit une surprise de la part d'Adam : une carte postale dans leur boîte aux lettres. Et sur la carte postale, une surprise encore plus grande :

« Chère Clara,

C'est la fin de l'été et nous allons tous reprendre nos vies très occupées. J'ai décidé de venir te voir avant ça ! Je voulais te faire la surprise, mais quand même, je pense que c'est mieux si je t'envoie une carte avant... J'arrive jeudi prochain par le train de onze heures du matin. Le soir, je vous invite à manger avec Céline ! J'ai pris un petit bed & breakfast à la Croix-Rousse, j'espère que je serai proche de chez vous. Ne t'en fais pas, je ne reste que jusqu'à dimanche. J'ai hâte de te voir, et Céline aussi !

Je t'embrasse,

Adam »

10. Adam's surprise visit

After this reunion with friends and family, Céline and Clara feel right at home in Lyon. It's back to business as usual: outings with the little dog, breakfasts with friends, job hunting, preparations for the new school year, dinners with each other and with Christophe. The girls are looking forward to looking after Marie on Friday evenings. In the meantime, they get on with their daily chores. The day after the family dinner, Clara receives a surprise from Adam: a postcard in their mailbox. And on the postcard, an even bigger surprise:

"Dear Clara,

It's the end of summer and we're all going back to our busy lives. I decided to come and see you before then! I wanted to surprise you, but anyway, I think it's best if I send you a card first... I'm arriving next Thursday by the eleven o'clock train. In the evening, I'll treat you to dinner with Céline! I've booked a little bed & breakfast in Croix-Rousse, so I hope I'll be close to you. Don't worry, I'm only staying until Sunday. I can't wait to see you, and Céline too!

Kisses and hugs,

Adam"

Clara est stupéfaite. Mais jeudi prochain, c'est... c'est demain ! Elle vérifie la date de la carte postale, et elle confirme. Adam arrive demain. Là-dessus, son téléphone vibre. C'est Eloi, qui lui souhaite une bonne journée. Céline, qui assiste à la scène en sirotant son café, pouffe de rire. « Eh bien, ma belle ! Tu fais chavirer les cœurs ! Si j'étais toi, je calmerais un peu Eloi. Montre-toi un peu distante, peut-être ? » lui conseille-t-elle. Clara sait bien que son amie a raison. Mais elle ne peut pas se résoudre à être froide avec Eloi, il est beaucoup trop gentil, et elle l'aime bien...	Clara is stunned. But next Thursday is... it's tomorrow! She checks the date on the postcard, and confirms. Adam's arriving tomorrow. Just then, her phone vibrates. It's Eloi who wishes her a good day. Céline, witnessing the scene while sipping her coffee, bursts out laughing. "Well, gorgeous! You're a real heartthrob! If I were you, I'd calm Eloi down a bit. Show a little distance, perhaps?" she advises him. Clara knows her friend is right. But she can't bring herself to be cold to Eloi: he's much too nice, and she likes him...
Bon, mais jeudi, ça veut dire qu'Adam sera ici quand elles ont prévu d'aller faire du baby-sitting. Céline la rassure : elle peut tout à fait s'en charger seule. Marie est un tout petit bébé, elle va changer une couche, donner le biberon et la mettre au lit. Aucun problème, vraiment. Clara envisage déjà une soirée en tête-à-tête avec Adam, et cela la rend très heureuse. Un peu inquiète aussi, mais c'est une bonne chose. Cela veut dire qu'elle y tient !	Okay, but Thursday means Adam will be here when they plan to go babysitting. Céline reassures her that she's perfectly capable of taking care of herself. Marie is a tiny baby, she'll change a diaper, give a bottle and put her to bed. No problem, really. Clara is already planning an evening alone with Adam, and that makes her very happy. A little worried too, but that's a good thing. It means she wants to!
Adam avait dit qu'il essayerait de venir, mais elle ne s'attendait pas à ce qu'il vienne si tôt ! Elle se sent un peu rassurée qu'il ait pris un hôtel. En effet, elle ne sait pas encore comment ça va se passer. Peut-être qu'ils ne s'entendront plus aussi bien... Clara répond rapidement à Adam	Adam had said he'd try to come, but she hadn't expected him to come so soon! She feels a little reassured that he's booked a hotel. After all, she still doesn't know how it's going to work out. Maybe they won't get on so well anymore... Clara quickly texts Adam back: "Incredible, already? That's

par texto : « Incroyable, déjà ? C'est merveilleux, je suis ravie. À quelle heure est ton train exactement ? Quelle gare ? » Clara veut se préparer pour aller le chercher à la gare, bien sûr.

La journée passe ensuite comme un éclair. Il y a beaucoup de choses à faire, les deux amies ne s'ennuient pas. Un peu de ménage, un peu de travail, s'occuper de Scruffles et préparer un petit programme sympa pour les jours à venir avec Adam. Céline reçoit déjà quelques réponses à ses candidatures : trois réponses négatives et deux convocations pour des entretiens ! C'est bon signe. Elle est tout excitée à l'idée d'avoir des entretiens professionnels bientôt, et un peu stressée. Clara la félicite et l'encourage.

Le lendemain, Clara se lève tôt. Elle s'habille, se maquille légèrement, sort le chien en vitesse puis fil à la gare pour retrouver Adam. Le train est annoncé avec trente minutes de retard... Elle va dans un café pour l'attendre, en face de la gare, et elle lui envoie l'adresse. Elle commande un grand café crème et sort son livre. Elle regarde l'heure toutes les cinq minutes. Enfin, le train arrive. Elle attend Adam avec impatience. Elle regarde son livre quand elle sent une main se poser délicatement sur son épaule : elle se retourne et se trouve face à Adam, plus beau que jamais. Elle manque de défaillir, mais se

wonderful, I'm thrilled. Exactly what time is your train? What station?" Clara wants to get ready to pick him up at the station, of course.

The day then passes like a flash. There's lots to do, and the two friends don't get bored. A bit of cleaning, a bit of work, looking after Scruffles and preparing a nice little program for the days ahead with Adam. Céline has already received a few replies to her applications: three negative responses and two invitations for interviews! A good sign. She's excited about the prospect of professional interviews, and a little stressed. Clara congratulates and encourages her.

The next morning, Clara gets up early. She gets dressed, puts on a little make-up, takes the dog out in a hurry, then heads off to the station to meet Adam. The train was announced thirty minutes late... She goes to a café opposite the station to wait for him, and sends him the address. She orders a large café crème and takes out her book. She looks at the clock every five minutes. Finally, the train arrives. She waits impatiently for Adam. She is looking at her book when she feels a hand rest gently on her shoulder: she turns around and finds herself face to face with Adam, more handsome than ever.

retient à la table et tente de prendre l'air détaché. Mais ses efforts sont vains. Elle essaye de bégayer un vague « eh, salut ! » mais il l'embrasse avant qu'elle ait ouvert la bouche. Toute la tension redescend en un éclair. Ouf ! Clara soupire, de soulagement et de bonheur. Elle prend Adam dans ses bras et lui glisse simplement à l'oreille : « je suis contente, vraiment contente de te voir. »

Les deux tourtereaux prennent le chemin de la Croix-Rousse, à pied. Adam a un sac très léger et la promenade est agréable. Ils se tiennent la main et se racontent leurs dernières semaines, puis commencent à faire des projets pour les quelques jours à venir. Restaurants, bistrots, promenades, cinéma, tennis, musées... Quatre jours, c'est trop court pour tout faire ! Mais déjà, ils vont à la recherche du bed & breakfast d'Adam. Ensuite, ils proposent à Céline de les rejoindre pour le café sur une terrasse au soleil. Christophe, Max et Constance se joignent également au petit-déjeuner improvisé, qui se transforme bientôt en déjeuner, puis en promenade dans le centre-ville de Lyon entre copains.

Clara est aux anges. Retrouver Adam s'est avéré tellement naturel, elle n'aurait pas imaginé mieux. Se trouver à côté de lui est comme une évidence. En plus, il s'entend bien avec ses amis. Elle en oublie complètement Eloi, qui lui écrit, comme chaque jour. Elle

ne répond pas et pense seulement qu'elle répondra plus tard ; peut-être que ce sera une bonne façon de prendre ses distances en douceur ! Pour le moment, elle veut seulement savourer l'instant présent avec son amoureux.

does every day. She doesn't answer and only thinks she'll reply later; maybe it'll be a good way of gently distancing herself! For now, she just wants to savor the moment with her lover.

Questions (Chapitre 10)

1. Que reçoit Clara dans sa boîte aux lettres ?
a) Une lettre de Christophe
b) Une carte postale d'Adam
c) Un paquet de Céline
d) Un colis de sa famille

2. Que dit Adam dans sa carte postale à Clara ?
a) Il lui annonce sa visite à Lyon
b) Il lui demande de le rejoindre en vacances
c) Il lui propose un voyage
d) Il lui souhaite un bon anniversaire

3. Que fait Céline pour rassurer Clara au sujet du baby-sitting ?
a) Elle propose d'annuler le baby-sitting
b) Elle dit à Clara qu'elle s'en chargera seule
c) Elle demande de l'aide à quelqu'un d'autre pour le baby-sitting
d) Elle conseille à Clara de ne pas aller chercher Adam à la gare

4. Comment se sent Clara à l'idée de retrouver Adam ?
a) Heureuse mais un peu inquiète
b) Enthousiaste et impatiente
c) Indifférente et distante
d) Triste et anxieuse

5. Comment Clara réagit-elle lorsque Adam l'embrasse à leur rencontre ?
a) Elle manque de défaillir
b) Elle le repousse brusquement

Questions (Chapter 10)

1. What does Clara receive in her mailbox?
a) A letter from Christophe
b) A postcard from Adam
c) A package from Céline
d) A parcel from her family

2. What does Adam say in his postcard to Clara?
a) He announces his visit to Lyon
b) He asks her to join him on vacation
c) He proposes a trip
d) He wishes her a happy birthday

3. What does Céline do to reassure Clara about babysitting?
a) She suggests canceling the babysitting
b) She tells Clara she will take care of it alone
c) She asks someone else for help with babysitting
d) She advises Clara not to pick up Adam at the train station

4. How does Clara feel about meeting Adam again?
a) Happy but somewhat worried
b) Enthusiastic and impatient
c) Indifferent and distant
d) Sad and anxious

5. How does Clara react when Adam kisses her upon their meeting?
a) She nearly faints
b) She pushes him away abruptly
c) She slaps him

c) Elle lui donne une gifle
d) Elle l'ignore complètement

d) She completely ignores him

Bonus 1
Recette des Moules Marinières

Ingrédients

- 2 kg de moules fraîches, nettoyées et débarbues
- 2 échalotes, finement hachées
- 2 gousses d'ail, émincées
- 1 tasse de vin blanc sec
- 1/2 tasse de bouillon de poulet ou de légumes
- 1/4 tasse de persil frais, haché
- 2 cuillères à soupe de beurre non salé
- Poivre noir fraîchement moulu, selon le goût

Élaboration

1. Dans une grande casserole, faire fondre le beurre à feu moyen. Ajouter les échalotes et l'ail, les faire sauter jusqu'à ce qu'ils soient ramollis.
2. Verser le vin blanc et le bouillon, et les amener à ébullition douce.
3. Ajouter les moules nettoyées dans la casserole, couvrir et les faire cuire à la vapeur pendant 5 à 7 minutes ou jusqu'à ce qu'elles s'ouvrent. Jeter celles qui ne s'ouvrent pas.
4. Saupoudrer le persil haché sur les moules et assaisonner avec du poivre noir.
5. Servir les moules marinières dans des bols avec du liquide de cuisson.
6. Déguster le plat avec du pain croustillant ou des frites pour tremper dans le délicieux bouillon.

Note : Les Moules Marinières, un plat classique français, sont rapides et faciles à préparer, mettant en valeur les saveurs délicates des moules fraîches dans un délicieux bouillon au vin blanc et à l'ail.

Bonus 1
Recipe for Mussels Marinières

Ingredients

- 2 kg fresh mussels, cleaned and debearded
- 2 shallots, finely chopped
- 2 cloves garlic, minced
- 1 cup dry white wine
- 1/2 cup chicken or vegetable broth
- 1/4 cup fresh parsley, chopped
- 2 tablespoons unsalted butter
- Freshly ground black pepper, to taste

Preparation

1. In a large pot, melt butter over medium heat. Add shallots and garlic, and stir-fry until softened.
2. Pour in white wine and broth, and bring to a simmer.
3. Add cleaned mussels to the pot, cover, and steam for 5-7 minutes or until mussels open. Discard any unopened ones.
4. Sprinkle chopped parsley over the mussels, and season with black pepper.
5. Serve the Mussels Marinières in bowls with some of the cooking liquid.
6. Enjoy the dish with crusty bread or fries for dipping into the delicious broth.

Note: Mussels Marinières, a classic French dish, is quick and easy to prepare, showcasing the delicate flavors of fresh mussels in a delightful white wine and garlic broth.

Bonus 2
Clara's Book 9 in the series
Chapter 1: Dernier week-end de vacances...

Adam est venu pour ce premier week-end du mois de septembre, et Clara est venue le chercher à la gare. Maintenant, c'est vraiment la fin des vacances : la semaine prochaine, Clara **reprendra** le travail, et les filles auront leur **pré-rentrée** à la fac. La visite d'Adam rend ce dernier week-end très spécial et Clara est très **reconnaissante**, et très heureuse aussi. Ils ont posé les affaires d'Adam dans le petit hôtel où il **loue** une chambre jusqu'à dimanche, et ils ont rejoint les amis de Céline et Clara sur une terrasse pour le petit-déjeuner. Personne ne travaille aujourd'hui, mais il y a dans l'air comme un parfum de retour au travail, à la fac et à l'école : les lyonnais sont rentrés de vacances, les magasins souvent fermés en août ont **rouvert**, les gens s'agitent dans la rue...

Mais pour les six amis - Christophe, Céline, Max, Constance, Clara et Adam - c'est encore quelques jours relax qui se présentent. Le petit-déjeuner se convertit en déjeuner et ils **s'attardent** un peu tard à papoter sur la terrasse. Les discussions vont bon train, puis Clara propose une promenade dans le centre-ville. S'ensuit une longue **balade** dans les quartiers médiévaux du quartier Saint-Jean, dans les jardins de Fourvière jusqu'à la basilique, **d'où** ils peuvent admirer la vue sur toute la ville.

Adam **semble** se sentir très à l'aise avec Clara et ses amis. Il s'entend particulièrement bien avec Christophe, ce qui n'a rien d'étonnant, vu son naturel joyeux et **bavard**. **Si bien que** Christophe l'invite à se joindre au cours de tennis du samedi matin avec Clara et Céline. Adam accepte avec plaisir, Clara **entend** d'une oreille la conversation et sourit. Elle est contente qu'Adam se joigne à elles ; mais elle sourit surtout d'avance en pensant à son niveau médiocre de tennis... Elle se dit qu'ils riront bien, en voyant Céline et Clara manquer une balle sur deux !

Reprendre (verbe) : to get back to
Pré-rentrée (f) (nom commun) : inset day
Reconnaissant (adjectif) : grateful, thankful
Louer (verbe) : to rent
Rouvrir (verbe) : to open again
S'attarder (verbe pronominal) : to linger
Balade (f) (nom commun) : stroll, walk
D'où (adverbe) : from where
Sembler (verbe) : to seem
Bavard (adjectif) : chatty, talkative
Si bien que (locution conjonction) : so much so that
Entendre (verbe) : to hear, to listen

La fin de la **journée** se passe au parc des Chartreux, avec un pique-nique improvisé de tomates, de fruits, de fromages, de saucissons, le tout accompagné de pain et d'une bouteille de vin. Céline est allée chercher Scruffles pour qu'il ne **s'ennuie** pas trop longtemps, tout seul à la maison. Le petit chien commence à connaître tous les amis de Clara et Céline, et il se fait une joie de les revoir à chaque **fois**.

Après de longues et passionnantes discussions, les amis se donnent rendez-vous le lendemain, pour dîner, dans un restaurant **bien connu** de la place Sathonay. **Chacun** rentre chez soi vers onze heures du soir. Adam et Clara restent **allongés** sur l'herbe du parc pendant encore une petite heure, bavardant de tout et de rien, puis ils rentrent ensemble, **bras dessus, bras dessous**. Ils sont légèrement pompettes et très heureux, s'orientant vers la petite chambre d'hôtel d'Adam, avec Scruffles qui ne comprend pas très bien pourquoi il ne dort pas chez lui ce soir, mais qui, après tout, tant qu'il est avec Clara, est heureux.

Le lendemain est vendredi, et c'est le premier jour du mois de septembre.

Clara se réveille en disant : « ça y est, c'est l'automne ! »

« Tu exagères, ma chère ! L'automne est dans trois semaines, n'en **rajoute** pas ! dit Adam en riant, se levant pour préparer un café.

- Moi, le mois de septembre, ça me donne toujours l'impression que tout est fini, explique Clara en souriant un peu. On **plonge dans** l'hiver, bam ! D'un coup, d'un seul.

- Vraiment, regarde par la fenêtre **au lieu de** regarder ton agenda ! **conseille** Adam. D'ailleurs, il n'y a pas de café ici : on va prendre un café en terrasse ?

- Oui, en plus Scruffles doit sortir. Je prends une rapide douche et on y va ? »

Journée (f) (nom commun) : day
S'ennuyer (verbe pronominal) : to get bored
Fois (f) (nom commun) : time
Bien connu (locution adjectivale) : well known
Chacun (pronom) : each
Allongé (adjectif) : lying, lying down
Bras dessus, bras dessous (locution adverbiale) : arm in arm, hand in hand
Rajouter (verbe) : to add
Plonger dans (verbe + préposition) : to dive into [sth]
Au lieu de (locution prépositionnel) : instead of [sth]
Conseiller (verbe) : to recommend, to advise

Clara file sous la douche, Scruffles dort encore. Quel **ronfleur**, celui-là ! Dès qu'ils sont tous les trois prêts, ils se dirigent vers la première terrasse pour savourer un café aux premiers **rayons du soleil**. Il est seulement sept heures du matin mais les deux amoureux ont envie de **profiter de** chaque moment de leur journée. Clara pense déjà que son Adam va repartir dans le Sud bientôt et qu'ils n'ont que peu de temps ensemble. Mais elle choisit de ne pas en parler. Elle préfère simplement profiter. **Apparemment**, Adam en fait de même. Ils font le programme de la journée : acheter des croissants, se promener sur les quais de la Saône, aller au musée des Confluences, revenir par le centre-ville, se promener sur les quais du Rhône puis rejoindre les amis au restaurant. S'ils ont le temps, ils iront boire une **bière** sur la charmante place Sathonay.

Clara passe chez elle pour poser Scruffles. Céline l'**accueille** avec un grand sourire. « Tout va bien, ma belle ? » **Évidemment**, tout va bien. Clara rougit et lui répond seulement : « Je veux juste pas du tout qu'il parte ! » Céline rit et lui offre un thé. Pas le temps ! Clara repart **aussitôt** pour rejoindre Adam, resté en bas. La journée se passe à merveille, comme prévu. Le soir, place Sathonay, le petit groupe d'amis se retrouve. Valentine **rejoint les rangs** pour profiter du restaurant. Tout se passe très bien, mais il s'agit de ne pas **se coucher** trop tard : le lendemain, finalement, c'est tout le groupe qui décide d'aller jouer au tennis avec Clara et Céline !

Ronfleur (adjectif) : snorer
Rayon du soleil (m) (nom commun) : sunbeam, sunray
Profiter de (verbe) : to make the most of [sth]
Apparemment (adverbe) : apparently, seemingly
Bière (f) (nom commun) : beer
Accueillir (verbe) : to welcome
Évidemment (adverbe) : evidently, clearly
Aussitôt (adverbe) : immediately, right away
Rejoindre les rangs de (locution verbale) : to join the ranks of, to participate in
Se coucher (verbe pronominal) : to go to bed

Questions (Bonus 2)

1. Pourquoi Clara se sent-elle reconnaissante et heureuse lors de la visite d'Adam ?
a) Parce qu'il l'a invitée à une soirée spéciale
b) Parce qu'il l'aide à déménager dans un nouvel appartement
c) Parce qu'il lui offre un cadeau surprise
d) Parce qu'il rend leur dernier week-end de vacances très spécial

2. Qui invite Adam à se joindre au cours de tennis du samedi matin ?
a) Max
b) Céline
c) Christophe
d) Constance

3. Comment les amis prévoient-ils de terminer la journée au parc des Chartreux ?
a) Avec un cours de tennis
b) Avec un pique-nique improvisé
c) En faisant du shopping
d) En regardant un film au cinéma

4. Que font Adam et Clara après que leurs amis soient partis du parc des Chartreux ?
a) Ils vont danser dans une boîte de nuit
b) Ils restent allongés sur l'herbe du parc à bavarder
c) Ils rentrent chez eux séparément
d) Ils se promènent dans les rues de la ville

5. Pourquoi Clara retourne-t-elle chez elle après avoir pris un café avec Adam ?
a) Pour poser Scruffles
b) Pour changer de vêtements
c) Pour retrouver Céline
d) Pour prendre une douche

(Bonus 2)

1. Dernier week-end de vacances...

Adam est venu pour ce premier week-end du mois de septembre, et Clara est venue le chercher à la gare. Maintenant, c'est vraiment la fin des vacances : la semaine prochaine, Clara reprendra le travail, et les filles auront leur pré-rentrée à la fac. La visite d'Adam rend ce dernier week-end très spécial et Clara est très reconnaissante, et très heureuse aussi. Ils ont posé les affaires d'Adam dans le petit hôtel où il loue une chambre jusqu'à dimanche, et ils ont rejoint les amis de Céline et Clara sur une terrasse pour le petit-déjeuner. Personne ne travaille aujourd'hui, mais il y a dans l'air comme un parfum de retour au travail, à la fac et à l'école : les lyonnais sont rentrés de vacances, les magasins souvent fermés en août ont rouvert, les gens s'agitent dans la rue...

Mais pour les six amis - Christophe, Céline, Max, Constance, Clara et Adam - c'est encore quelques jours relax qui se présentent. Le petit-déjeuner se convertit en déjeuner et ils s'attardent un peu tard à papoter sur la terrasse. Les discussions vont bon train, puis Clara propose une promenade dans le centre-ville. S'ensuit une longue balade dans les quartiers médiévaux du quartier Saint-Jean, dans les jardins de

(Bonus 2)

1. Last weekend of vacation...

Adam came for the first weekend in September, and Clara picked him up at the station. Now it's really the end of the vacations: next week, Clara goes back to work, and the girls have their first day of college. Adam's visit makes this last weekend very special, and Clara is very grateful, and very happy too. They put down Adam's things in the little hotel where he's renting a room until Sunday, and joined Céline and Clara's friends on a terrace for breakfast. No one's working today, but there's a whiff of back-to-work, back-to-college and back-to-school in the air: the people of Lyon are back from vacation, the stores often closed in August have reopened, people are bustling in the streets...

But for the six friends - Christophe, Céline, Max, Constance, Clara and Adam - it's another relaxed few days. Breakfast turns into lunch, and they stay up late chatting on the terrace. Discussions are in full swing, and Clara suggests a stroll through the town center. What follows is a long stroll through the medieval quarters of the Saint-Jean district, through the Fourvière gardens to the basilica, from where they can admire the view

Fourvière jusqu'à la basilique, d'où ils peuvent admirer la vue sur toute la ville.	over the whole city.
Adam semble se sentir très à l'aise avec Clara et ses amis. Il s'entend particulièrement bien avec Christophe, ce qui n'a rien d'étonnant, vu son naturel joyeux et bavard. Si bien que Christophe l'invite à se joindre au cours de tennis du samedi matin avec Clara et Céline. Adam accepte avec plaisir, Clara entend d'une oreille la conversation et sourit. Elle est contente qu'Adam se joigne à elles ; mais elle sourit surtout d'avance en pensant à son niveau médiocre de tennis… Elle se dit qu'ils riront bien, en voyant Céline et Clara manquer une balle sur deux !	Adam seems to feel very much at home with Clara and her friends. He gets on particularly well with Christophe, which is hardly surprising, given his natural cheerfulness and chatty nature. So much so that Christophe invites him to join the Saturday morning tennis lesson with Clara and Céline. Adam gladly accepts, and Clara listens with one ear to the conversation and smiles. She's glad Adam's joining them, but she smiles in anticipation of his mediocre level of tennis… She thinks they'll have a good laugh when they see Céline and Clara miss every other ball!
La fin de la journée se passe au parc des Chartreux, avec un pique-nique improvisé de tomates, de fruits, de fromages, de saucissons, le tout accompagné de pain et d'une bouteille de vin. Céline est allée chercher Scruffles pour qu'il ne s'ennuie pas trop longtemps, tout seul à la maison. Le petit chien commence à connaître tous les amis de Clara et Céline, et il se fait une joie de les revoir à chaque fois.	The end of the day is spent in the Parc des Chartreux, with an impromptu picnic of tomatoes, fruit, cheese, sausages, bread and a bottle of wine. Céline went to pick up Scruffles so he wouldn't be bored for too long at home on his own. Scruffles is getting to know all Clara and Céline's friends, and is delighted to see them again and again.
Après de longues et passionnantes discussions, les amis se donnent rendez-vous le lendemain, pour dîner, dans un restaurant bien connu de la place Sathonay. Chacun rentre	After long and fascinating discussions, the friends agreed to meet for dinner the following day at a well-known restaurant on Place Sathonay. Everyone returns home

chez soi vers onze heures du soir. Adam et Clara restent allongés sur l'herbe du parc pendant encore une petite heure, bavardant de tout et de rien, puis ils rentrent ensemble, bras dessus, bras dessous. Ils sont légèrement pompettes et très heureux, s'orientant vers la petite chambre d'hôtel d'Adam, avec Scruffles qui ne comprend pas très bien pourquoi il ne dort pas chez lui ce soir, mais qui, après tout, tant qu'il est avec Clara, est heureux.	around eleven o'clock in the evening. Adam and Clara lie on the grass in the park for another hour, chatting about everything and nothing, and then go home together, arm in arm. They're slightly tipsy and very happy, making their way to Adam's little hotel room, with Scruffles, who doesn't quite understand why he's not sleeping at home tonight, but who, after all, as long as he's with Clara, is happy.
Le lendemain est vendredi, et c'est le premier jour du mois de septembre. Clara se réveille en disant : « ça y est, c'est l'automne ! »	The next day is Friday, and it's the first day of September. Clara wakes up and says: "That's it, it's autumn!"
« Tu exagères, ma chère ! L'automne est dans trois semaines, n'en rajoute pas ! dit Adam en riant, se levant pour préparer un café.	"You're exaggerating, my dear! Autumn's in three weeks, don't push it! laughs Adam, getting up to make a coffee.
- Moi, le mois de septembre, ça me donne toujours l'impression que tout est fini, explique Clara en souriant un peu. On plonge dans l'hiver, bam ! D'un coup, d'un seul.	- September always gives me the impression that it's all over, explains Clara, smiling slightly. We're plunging into winter, bam! All at once.
- Vraiment, regarde par la fenêtre au lieu de regarder ton agenda ! conseille Adam. D'ailleurs, il n'y a pas de café ici : on va prendre un café en terrasse ?	- Really, look out the window instead of at your diary! advises Adam. By the way, there's no cafe here. Shall we have coffee on the terrace?
- Oui, en plus Scruffles doit sortir. Je prends une rapide douche et on y va ? »	- Yes, plus Scruffles has to go out. Shall I take a quick shower and then we'll go?"

Clara file sous la douche, Scruffles dort encore. Quel ronfleur, celui-là ! Dès qu'ils sont tous les trois prêts, ils se dirigent vers la première terrasse pour savourer un café aux premiers rayons du soleil. Il est seulement sept heures du matin mais les deux amoureux ont envie de profiter de chaque moment de leur journée. Clara pense déjà que son Adam va repartir dans le Sud bientôt et qu'ils n'ont que peu de temps ensemble. Mais elle choisit de ne pas en parler. Elle préfère simplement profiter. Apparemment, Adam en fait de même. Ils font le programme de la journée : acheter des croissants, se promener sur les quais de la Saône, aller au musée des Confluences, revenir par le centre-ville, se promener sur les quais du Rhône puis rejoindre les amis au restaurant. S'ils ont le temps, ils iront boire une bière sur la charmante place Sathonay.

Clara passe chez elle pour poser Scruffles. Céline l'accueille avec un grand sourire. « Tout va bien, ma belle ? » Évidemment, tout va bien. Clara rougit et lui répond seulement : « Je veux juste pas du tout qu'il parte ! » Céline rit et lui offre un thé. Pas le temps ! Clara repart aussitôt pour rejoindre Adam, resté en bas. La journée se passe à merveille, comme prévu. Le soir, place Sathonay, le petit groupe d'amis se retrouve. Valentine rejoint les rangs pour profiter du restaurant. Tout se passe très bien, mais il s'agit de ne pas se coucher

Clara heads for the shower, Scruffles is still asleep. What a snorer he is! As soon as the three of them are ready, they head for the first terrace to enjoy a coffee in the first rays of sunshine. It's only seven o'clock in the morning, but the two lovers want to make the most of every moment of their day. Clara is already thinking about the fact that her Adam will be leaving for the South soon, and that they have very little time together. But she chooses not to talk about it. She'd rather just enjoy it. Apparently, Adam does the same. They draw up the day's program: buy croissants, stroll along the banks of the Saône, go to the Musée des Confluences, return through the city center, stroll along the banks of the Rhône and then join their friends at the restaurant. If they have time, they'll go for a beer on the charming Place Sathonay.

Clara drops by to pose Scruffles. Céline greets her with a big smile. "Is everything all right, sweetheart?" Of course it's all right. Clara blushes and replies, "I just don't want him to go!" Céline laughs and offers her a cup of tea. No time for that! Clara leaves immediately to join Adam downstairs. The day goes perfectly, as planned. In the evening, in Place Sathonay, the small group of friends meet up again. Valentine joins them to enjoy the restaurant. All goes well, but it's a question of not staying up too late: the next day, in the end, the

trop tard : le lendemain, finalement, c'est tout le groupe qui décide d'aller jouer au tennis avec Clara et Céline !

whole group decides to go and play tennis with Clara and Céline!

Questions (Bonus 2)

1. Pourquoi Clara se sent-elle reconnaissante et heureuse lors de la visite d'Adam ?
a) Parce qu'il l'a invitée à une soirée spéciale
b) Parce qu'il l'aide à déménager dans un nouvel appartement
c) Parce qu'il lui offre un cadeau surprise
d) Parce qu'il rend leur dernier week-end de vacances très spécial

2. Qui invite Adam à se joindre au cours de tennis du samedi matin ?
a) Max
b) Céline
c) Christophe
d) Constance

3. Comment les amis prévoient-ils de terminer la journée au parc des Chartreux ?
a) Avec un cours de tennis
b) Avec un pique-nique improvisé
c) En faisant du shopping
d) En regardant un film au cinéma

4. Que font Adam et Clara après que leurs amis soient partis du parc des Chartreux ?
a) Ils vont danser dans une boîte de nuit
b) Ils restent allongés sur l'herbe du parc à bavarder
c) Ils rentrent chez eux séparément
d) Ils se promènent dans les rues de la ville

Questions (Bonus 2)

1. Why does Clara feel grateful and happy during Adam's visit?
a) Because he invited her to a special evening
b) Because he helps her move into a new apartment
c) Because he gives her a surprise gift
d) Because he makes their last weekend of vacation very special

2. Who invites Adam to join the Saturday morning tennis lesson?
a) Max
b) Céline
c) Christophe
d) Constance

3. How do the friends plan to end the day at Parc des Chartreux?
a) With a tennis lesson
b) With an impromptu picnic
c) By going shopping
d) By watching a movie at the cinema

4. What do Adam and Clara do after their friends leave Parc des Chartreux?
a) They go dancing at a nightclub
b) They lie on the grass chatting
c) They go home separately
d) They take a stroll through the city streets

5. Pourquoi Clara retourne-t-elle chez elle après avoir pris un café avec Adam ?
a) Pour poser Scruffles
b) Pour changer de vêtements
c) Pour retrouver Céline
d) Pour prendre une douche

5. Why does Clara go back home after having coffee with Adam?
a) To drop off Scruffles
b) To change her clothes
c) To meet Céline
d) To take a shower

Answers

Chapter 1
1 : d
2 : c
3 : b
4 : b
5 : c

Chapter 2
1 : a
2 : c
3 : a
4 : c
5 : b

Chapter 3
1 : b
2 : d
3 : c
4 : b
5 : a

Chapter 4
1 : b
2 : c
3 : b
4 : d
5 : a

Chapter 5
1 : b, d
2 : c
3 : a
4 : b
5 : c

Chapter 6
1 : a
2 : d
3 : c
4 : a
5 : b

Chapter 7
1 : b
2 : a
3 : a
4 : c
5 : b

Chapter 8
1 : a
2 : a, b, c, d
3 : b
4 : c
5 : a

Chapter 9
1 : b
2 : c
3 : c
4 : b
5 : a

Chapter 10
1 : b
2 : a
3 : b
4 : a
5 : a

Bonus 2 - Chapter 1
1 : d
2 : c
3 : b
4 : b
5 : a

Download the Audiobook & PDF below!

www.ingramcontent.com/pod-product-compliance
Lightning Source LLC
Chambersburg PA
CBHW072057110526
44590CB00018B/3207